Copyright© 2023 Astrid Schneider
Alle Rechte vorbehalten.

Die Rechte des hier verwendeten Textmaterials liegen ausschließlich beim Verfasser.
Eine Verbreitung oder Verwendung des Materials ist untersagt und bedarf in Ausnahmefällen der eindeutigen Zustimmung des Verfassers.

Inhaltsverzeichnis

Einleitung .... Seite 1

Ratgeberteil:

1. Hochsensibilität – Fluch oder Segen? .... Seite 3
2. Hochsensibilität als Gabe nutzen und leben .... Seite 7
3. Hochsensibilität – was ist das überhaupt? .... Seite 10
4. Hilfreiche Tipps für Hochsensible .... Seite 12
5. Fantasiereisen als wertvolles Tool für Hochsensible . Seite 19

Fantasiereisen:

Die Kraft der Stille .... Seite 23
Der besondere Ort am Fluss .... Seite 29
Die Entdeckung .... Seite 36
Die Botschaft der Schmetterlinge .... Seite 43
Die Melodie der Elfe .... Seite 50
Der Schwan und die Inseln .... Seite 57
Der Baum am Strand ....Seite 65
Die Eule und das Boot .... Seite 72
Der Fuchs und die Klarheit .... Seite 80
Der Vogel und die innere Stimme .... Seite 87
Der Flug der Schmetterlinge .... Seite 94
Die Magie des Lagerfeuers .... Seite 102

Deine Zufriedenheit ist unser Ziel .... Seite 108
Über die Autorinnen .... Seite 109

Einleitung

Willkommen in einer Welt jenseits der alltäglichen Realität. Einer Welt bezaubernder Fantasiereisen, die speziell für hochsensible Erwachsene geschaffen wurde. In diesem besonderen Buch haben wir uns als Expertinnen im Bereich Hochsensibilität und Fantasiereise zusammengefunden, um dich auf eine einzigartige Reise mitzunehmen.

Miriam Sompek, Bildungswissenschaftlerin mit Schwerpunkt Beratung und Persönlichkeitsentwicklung, beschäftigt sich bereits seit mehr als einem Jahrzehnt intensiv mit dem Thema der Hochsensibilität. Ihre tiefe Kenntnis und Erfahrung in der Begleitung von Hochsensiblen machen sie zur idealen Botschafterin dieses Buches. Sie versteht die feinen Nuancen der hochsensiblen Natur und erkennt die Bedeutung von Selbstfürsorge, Selbstakzeptanz und Entdeckung der eigenen inneren Stärke. In den ersten Kapiteln erfährst du von ihr die verschiedenen Ausprägungen von Hochsensibilität, sie gibt dir konkrete Tipps, wie du diese wundervolle Gabe voll ausschöpfen kannst und klärt auf, weshalb es gesamtgesellschaftlich von großer Bedeutung ist, sich dem Phänomen der Hochsensibilität zu widmen.

Astrid Schneider, eine erfahrene Bestsellerautorin im Kinderbuch- und Ratgeber-Bereich sowie zertifizierte Fachberaterin für hochsensible Kinder, hat ihre einzigartige Expertise in die Gestaltung der Fantasiereisen eingebracht. Mit ihren Büchern und Coachings konnte sie unzähligen hochsensiblen Kinderseelen helfen, ihre Sensibilität als Kraftquelle zu erkennen. Ihre fantasievollen und inspirierenden Geschichten erschaffen magische Welten, in denen hochsensible Kinder und Erwachsene ihre Sensibilität feiern und ihre innere Kraft entfesseln können.

Wir haben dieses Herzensprojekt in die Weiten der Welt entlassen, um hochsensiblen Erwachsenen eine einzigartige Gelegenheit zu bieten, in Fantasie und Selbsterforschung einzutauchen.
Mach dich nun bereit, deine Sinne zu erweitern, deine innere Welt zu öffnen und alles zu entdecken, was in dir steckt. Es ist Zeit, deine Hochsensibilität zu umarmen und dich von den magischen Kräften deiner Sensibilität leiten zu lassen.

Auf eine unvergessliche Reise,
Miriam und Astrid

1. Hochsensibilität – Fluch oder Segen?

Ist Hochsensibilität ein Fluch oder Segen? Diese Frage haben sich bereits viele Hochsensible gestellt. Auch ich habe das, als ich noch nicht vollständig über das Phänomen der Hochsensibilität aufgeklärt und ich mir dieser überaus kostbaren Gabe noch nicht bewusst war. Heute weiß ich, diese Frage ist ganz klar zu beantworten: Hochsensibilität ist kein Fluch, keine Erkrankung, keine Schwäche oder Strafe. Hochsensibilität sie ist ein Privileg, ein Geschenk, eine Gabe – eine Superpower, wenn wir uns ihrer bewusst sind und mit ihr richtig umzugehen und sie entsprechend einzusetzen wissen. Hochsensibel zu sein, ist an sich keine Eigenschaft, sondern vielmehr eine Lebens- bzw. Wesensart. Es ist wichtig, dass wir den Fokus dabei zu den Möglichkeiten lenken, denn nur das verändert die Auseinandersetzung mit dem Thema. Wir dürfen erkennen, dass wir uns mit einem Begriff nicht beschränken lassen, uns keinen Stempel der Unzulänglichkeiten und Schwierigkeiten aufdrücken lassen sollten, sondern dass für jeden von uns immer alles möglich ist. Mit einem bewussten Blick auf Hochsensibilität stellen wir also eine neue Möglichkeit zur Verfügung. Einen neuen Raum, in dem das eigene Sein, die eigene Empfindsamkeit und die Art, die Welt wahrzunehmen, neu erfasst werden dürfen. Hochsensibel steht für alle Möglichkeiten: Dich mit deiner Hochsensibilität noch mehr zu trauen, dich noch mehr selbst zu leben und noch mehr in deine wahre Größe zu gehen.

Der Begriff der „Hochsensibilität" wurde in den vergangenen Jahren bereits stark geprägt. Er gibt Menschen, die auf eine tiefere Art und Weise empfinden und wahrnehmen, Sicherheit und das Gefühl, endlich verstanden zu werden.
Dennoch ist die Aufklärung über Hochsensibilität - wie gesagt noch nicht

weit genug verbreitet und leider spürt man immer wieder, dass die Aufmerksamkeit meist darauf liegt, was Hochsensibilität „nicht" ermöglicht. Viele glauben, hochsensible Menschen seien nicht so belastbar, seien überempfindlich, hätten Schwierigkeiten und Schwächen, viele Herausforderungen und Probleme. Sie glauben, für Hochsensible sei nicht alles möglich. Nicht selten wurde ich gefragt, mit welcher „Krankheit" ich mich denn beruflich beschäftige. Vor kurzem wurde ein Artikel veröffentlicht, in dem es heißt, dass hochsensible Kinder mehr brauchen würden, um sich emotional und sozial gut entwickeln zu können. Dass Eltern mit diesen Kindern anders umzugehen hätten und das ganze Leben danach anzupassen sei. Und ja – dem gebe ich recht – doch ich gehe noch weiter und bin der Überzeugung, dass jedes Leben an die eigene Wesens- und Empfindensart angepasst werden darf. Nicht wir Individuen sollten es sein, die sich an Vorgegebenes anzupassen haben, sondern wir sollten unser Außen so gestalten dürfen, dass es an uns angepasst ist – von innen nach außen und nicht von außen nach innen.

Doch egal ob hochsensibel oder nicht – die Perspektive, Hochsensibilität sei etwas, mit dem man „umzugehen lernen müsse", verunsichert Menschen mit einer hohen Empfindsamkeit und verleitet sie dazu, diese hohe Sensibilität zu verdrängen, um nicht zu denen zu gehören, denen man „nichts" zumuten kann. Die vielen Bewertungen und Begrenzungen, mit denen dieser Begriff bereits aufgeladen wurde, fühlt sich für viele wie eine Diagnose an – wie eine unangenehme, angeborene Empfindung, mit der man eben zu leben lernt oder noch schlimmer, die man zu unterdrücken oder zu bekämpfen versucht. Leider fühlen sich viele hochsensible Menschen genau deswegen fehlerhaft, anders und krank. Nicht aber weil sie es sind, sondern, weil sie spüren, dass sie anders sind. Und anders zu sein, wird in unserer heutigen Gesellschaft nicht gerade immer gefördert. Viel mehr wird dem braven Bürger suggeriert, sich anzupassen, mit dem Strom zu schwimmen und das zu tun, was alle anderen tun. Doch für Hochsensible ist das nicht möglich oder eben nur mit einer hohen Anstrengung, was es ihnen unmöglich macht, glücklich zu sein und ihr wahres Potential zu leben. Eltern überlegen, ihrem hochsensiblen Kind Medikamente zu verabreichen, weil es zu lebendig ist, zu kreativ, zu empfindsam, zu aufmerksam – einfach zu anders. Und Letzteres verunsichert sie, nicht etwa, weil es ihnen nicht gefällt, aber weil sie fürchten, dass es anderen missfallen und sie aus der Reihe tanzen könnten. Die Angst negativ aufzufallen, bringt uns also dazu, unseren Kindern oder uns selbst Medikamente zu verabreichen. Dahinter steckt die unreflektierte Annahme, Hochsensibilität sei ein Defizit, das ausgeglichen werden müsse – weil mit der Hochsensibilität Eigenschaften und Gefühle einhergehen, die oftmals als Schwäche missverstanden werden. Wenn man im Konkurrenzkampf nicht standhält, wird man als schwach bezeichnet. Hohes Gerechtigkeitsempfinden und Loyalität werden abgetan mit „nimm dir nicht alles so zu Herzen."

Aber was wäre, wenn Gerechtigkeitssinn und Ablehnung von Konkurrenz Werte wären, die es zu unterstützen gilt? Wenn Hochsensible nicht mehr schief angeschaut würden, wenn sie die limitierenden Glaubenssätze und die Negativität der Menschen in ihrer Umgebung aufdecken? Was wäre, wenn nicht die Sensibilität, sondern die fehlende Sensibilität, das fehlende Gerechtigkeitsempfinden als das Auszugleichende gelten würde?

Mit den gängigen Zuschreibungen wird es fast eng, wenn man von sich sagt: „Ich bin hochsensibel". Es gleicht schon fast einem Geständnis an die Umwelt und kann zu einem zu engen Rahmen werden, in den wir uns zu pressen versuchen, sobald wir uns als hochsensibel „outen". Vielleicht spürst du, wie sich dein Innerstes dagegen sträubt, deine Hochsensibilität anzunehmen, obwohl so vieles darauf hindeutet. Leider konzentrieren wir Hochsensiblen uns immer noch zu sehr auf die Defizite, die Tatsache, dass wir empfindsam sind, wird als Laster wahrgenommen, das es auszugleichen gilt. Doch es geht darum, den Fokus auf die Möglichkeiten anstatt auf die Begrenzung zu lenken. Sich die Zuschreibungen neu anzusehen und die persönlichen Eigenarten allesamt als positiv zu begreifen, um daraus Kraft zu schöpfen. Sich selbst ernst- und wahrzunehmen. In einem Selbstverständnis – also mit einem Verständnis für sich selbst – die eigenen Lebenssituationen neu zu betrachten. Nicht mehr zu hadern und an sich zu zweifeln, sondern durch das Bewusstwerden mit seinem einzigartigen Selbst wirksam zu werden. Wir Hochsensiblen hätten noch eine Menge mehr zu sagen, wenn wir darauf hören würden, was in unserem Herzen wirklich passiert, welche Botschaft unser Innerstes für uns bereithält. Wenn wir dazu stehen und uns selbst erlauben würden, unserem Herzen zu lauschen und dem, was es sagt, mehr Bedeutung beizumessen. Dann könnten wir vielleicht auch endlich unserer Bestimmung folgen, anstatt - wie so oft - nur die Erwartungen und Bedürfnisse unserer Mitmenschen zu erfüllen. Wir müssten nur den nötigen Mut aufbringen und die Schritte wagen, die relevant wären, um ein Leben zu leben, das uns wirklich zusagt – mit den Menschen, mit dem Beruf, mit den Tätigkeiten, mit der Freizeitgestaltung, mit allen Dingen, die unserem Wesen wirklich entsprechen.

Wenn wir diese Schritte als Hochsensible gehen, können wir uns ein wundervolles Leben erschaffen. Ein Leben, das nicht nur für uns selbst wundervoll ist, sondern eines, mit dem wir auch andere inspirieren können. Wo wir mit unserem Herzen, mit unserer Feinfühligkeit, mit dieser Art, wie wir die Welt wahrnehmen, eine wahrhaftige Inspiration für andere sein können.

Eine Aufklärung für das Phänomen der Hochsensibilität ist daher ungemein wichtig – sowohl für diejenigen, die mehr wahrnehmen können als andere, als auch für diejenigen, die im Alltag – sei es in der Familie, mit Freunden oder in Bildungseinrichtungen – mit Hochsensiblen interagieren. Denn ohne dieses Wissen passieren Fehler im Umgang miteinander und auch im Umgang mit sich selbst, da man die eigene Ausprägungsform oder die seiner Mitmenschen nicht einzuordnen weiß.

2. Hochsensibilität als Gabe nutzen und leben

Hochsensibel zu sein, heißt: frei und empfindsam, stark und feinfühlig, gern für sich und gern unter Menschen zu sein. Hochsensibel bedeutet, empathisch zu sein, während man seine eigenen Grenzen wahrt. Es heißt, sich selbst in Liebe anzunehmen und seine Feinfühligkeit jeden Tag zu feiern. Hochsensibel zu sein, heißt, nicht in Gegensätzen, sondern in einem „Sowohl-als-auch" zu denken und zu leben. Hochsensibel zu sein, heißt, seine Hochsensibilität zu leben, zu lieben und Beschränkungen loszulassen. Es ist wichtig, dass Hochsensible damit aufhören, zu denken: „Ach, so bin ich eben. Ich muss mich wohl damit abfinden und lernen, mich irgendwie zurechtzufinden und mich anzupassen!"

Stattdessen sollten sie sich bewusst werden: „Mit meiner einzigartigen Art zu denken und zu fühlen, wähle ich all das in meinem Leben, was ich haben möchte. Ich entscheide mich für das, wie ich es haben will und gehe dafür los und gerade damit kann ich diese Welt bereichern!" Das bedeutet, die Sensibilität als Geschenk und wahres Wunder zu begreifen und dankbar dafür zu sein, bewusster und intensiver als andere wahrnehmen zu können. Es heißt, sich für alle Möglichkeiten mit seiner hohen Empfindsamkeit zu entscheiden, ohne die damit einhergehenden Herausforderungen zu ignorieren. Es ist von großer Bedeutsamkeit für dich, dir deiner Gabe der Hochsensibilität wirklich gewahr zu werden, damit du dein volles Potential in die Welt tragen kannst. Sie nicht zu bewerten, nicht zu denunzieren, nicht einzugrenzen, sondern die eigene Hochsensibilität als Chance zu begreifen. Lass die Begrenzungen hinter dir und ändere liebevoll den Blick auf deinen besonderen Wesenszug.

Hochsensibilität ist also keine Krankheit, keine Behinderung und auch kein Nachteil – richtig verstanden und verinnerlicht kann das Wissen um deine/n Hochsensibilitätstypen dazu führen, dass du anderen Menschen gegenüber, die nicht hochsensibel sind, Vorteile hast. Du kannst es dir ein bisschen vorstellen wie bei einem Superhelden – und wenn du gelegentlich Superheldencomics gelesen hast, dann weißt du, dass auch Superhelden anfangs Schwierigkeiten haben, ihre zusätzlichen Stärken auf die richtige Weise zu nutzen – aber sie werden nicht nur stärker, sobald sie es schaffen, sondern sind auch für viele eine Bereicherung, ein Vorbild und eine Inspiration. Es ist eine Selbstwirksamkeit, eine Superkraft, die es zu entdecken gilt.

Dafür ist eine gewisse Bereitschaft, den Blick auf die Kraft und auf die Lösungsmöglichkeiten zu richten, anstatt auf die Probleme, grundlegend. Hochsensible können mit ihrer Auffassungsgabe und ihrem Bewusstsein wahrhaftig diese Welt verändern. Das tun wir, indem wir uns selbst erkennen, unserer Empfindsamkeit volles Recht geben und uns behaupten. Wir dürfen erkennen, dass wir etwas zu sagen und mitzureden haben. Wir dürfen erkennen, dass wir nicht allein sind, sondern ganz viele.

Wir dürfen erkennen, dass wir in unsere Größe gehen müssen, um uns – und damit unser Außen – positiv zu verändern. Wir dürfen lernen, aufzustehen, andere vor den Kopf zu stoßen, uns nicht mehr länger kleinzumachen und der Welt zu zeigen, was es heißt, zu lieben. Was es heißt, den anderen zu spüren und auf sein Umfeld Acht zu geben. Was es heißt, für andere da zu sein und nicht mit ihnen in Konkurrenz stehen zu wollen. Wenn wir uns schätzen, uns unseren Raum geben, uns zurückziehen, um immer wieder mit neuer Kraft hinauszugehen, können wir Wunderbares in die Welt tragen. Wenn wir uns selbst lieben, können wir andere lieben und zeigen, was Liebe bedeutet. Wenn wir uns selbst wertschätzen, können wir andere wertschätzen und ihnen zeigen, was Wertschätzung bedeutet.

Wenn wir lernen, uns selbst wahrzunehmen, uns wertfrei anzunehmen, können wir auch andere wahrnehmen und wertfrei annehmen und ihnen zeigen, wie auch sie diese Botschaft in die Welt hinaustragen können.

3. Hochsensibilität – was ist das überhaupt?

Bevor wir in die Welt der Fantasiereisen eintauchen, werde ich dir noch einen wichtigen Einblick in das Phänomen der Hochsensibilität geben.
Der Begriff der Hochsensibilität ist noch relativ jung. Dies erklärt auch, warum er noch nicht die Verbreitung und Aufklärung erfahren hat, die ihm gebührt. Auch das Wort an sich wird oft missverstanden und „hochsensibel" wird mit „überempfindlich" gleichgesetzt. Der Begriff an sich gewann erstmals hohe Aufmerksamkeit in den 90er Jahren durch die amerikanische Psychologin Elaine Aron. Seither gilt Hochsensibilität als eine besondere Art der Verarbeitung von Reizen im Nervensystem.
Doch auch über diese Definition ist die Gesellschaft noch nicht ausreichend aufgeklärt. Welche tiefliegende Bedeutung sich tatsächlich hinter diesem Phänomen verbirgt und wie wichtig das Thema Hochsensibilität für die Menschheit ist, ist vielen noch verborgen. Streng genommen ist jeder von uns davon betroffen. Nicht etwa, weil jeder Mensch hochsensibel ist, aber weil auf jeden Fall davon ausgegangen werden kann, dass sich mindestens eine Person im eigenen näheren Umfeld hochsensibel nennen kann. Sei es innerhalb der Familie, im Freundes- oder Bekanntenkreis oder im beruflichen Alltag. Wer über den Begriff der Hochsensibilität aufgeklärt ist, kann diese Eigenschaft als Vorteil nutzen oder andere Hochsensible besser verstehen und dadurch auch besser mit ihnen interagieren. Schätzungsweise ist ein Fünftel der Gesellschaft hochsensibel. Dabei ist die Hochsensibilität bei jedem anders stark oder gar auf unterschiedliche Weise ausgeprägt.

Doch was genau bedeutet nun eigentlich Hochsensibilität und wie äußert sie sich?

Ganz allgemein bedeutet Hochsensibilität, dass das Gehirn eines Hochsensiblen viel mehr aufnimmt als das Gehirn eines Nicht-Hochsensiblen. Jegliche Reize aus ihrem Umfeld werden aufgenommen und das ungefiltert. Du kannst es dir in etwa so vorstellen, dass ein hochsensibles Gehirn förmlich alles aufsaugt, was rund herum passiert. Damit nimmt es erstaunlich viele Informationen auf. Diese werden über die verschiedenen Sinnesreize erfasst: Hören, Sehen, Schmecken, Riechen und Fühlen. Grund dafür ist, dass der Thalamus im Gehirn von Hochsensiblen nicht so engmaschig gestrickt ist wie bei Normalsensiblen. Ihr Thalamus filtert viel weniger Informationen von außen, sodass deutlich mehr Informationen auf ihr Gehirn einprasseln und viel mehr von ihm verarbeitet werden muss als bei Nicht-Hochsensiblen Personen. Die folgende Metapher kann dir das vielleicht etwas besser veranschaulichen: Stell dir ein Spinnennetz vor, das sehr dicht und engmaschig gesponnen ist – Spinnenwebe an Spinnenwebe liegen sehr dicht beieinander. Dadurch passt nur wenig hindurch und es bleiben viele Insekten an ihm kleben. Und jetzt stell dir ein Spinnennetz vor, das eher grobmaschig gewoben ist. Zwischen den einzelnen Spinnenweben ist viel Raum, sodass mehrere Insekten hindurch kommen und nicht am Netz haften bleiben. Das bedeutet also, dass Nicht-Hochsensible Menschen mehr Wahrnehmungen ungesehen oder nicht wahrgenommen durch ihr Netz lassen. Hochsensible hingegen nehmen deutlich mehr wahr, was schnell überfordernd wirken, doch auch große Vorteile mit sich bringen kann – dazu später mehr. Das Erleben Hochsensibler ist somit um ein Vielfaches vielschichtiger, spannender und abenteuerlicher als das anderer. Hochsensible nehmen sowohl Schönes als auch nicht so Schönes sehr intensiv und bewusst wahr.

Sie kommen an mehr Informationen, können Menschen und Situationen besser deuten und fühlen und können sich somit besser in sie hineinversetzen.
Welche Reize aber dann vermehrt aufgenommen und verarbeitet werden, ist sehr unterschiedlich.

4. Hilfreiche Tipps für Hochsensible

Das Gehirn hochsensibler Menschen hat also eine enorme Leistung zu erbringen, denn es funktioniert - wie erwähnt - anders als das nicht hochsensibler Menschen und hat mehr Reize zu verarbeiten. Demzufolge bekommen Hochsensible mehr mit und können mehr Informationen für sich nutzen als andere. Doch oftmals führt das zu einer schnelleren Erschöpfung. Viele Hochsensible müssen sich früher oder öfter zur Rast und zum Energietanken zurückziehen als andere Menschen. Das ist völlig normal und nachvollziehbar in Anbetracht dessen, dass ihr Gehirn in gewisser Hinsicht mehr Leistung erbringen muss. Doch oft stößt das auf Unverständnis und Kritik, weil Nicht-Hochsensible nicht verstehen, warum das so ist und dann schnell in die Verurteilung gehen.

Im Folgenden habe ich sieben hilfreiche Tipps zusammengetragen, die Hochsensiblen dabei helfen können, besser mit den Schwierigkeiten und Herausforderungen ihres Alltags umzugehen zu können. Wenn du das schaffst, wirst du deine Hochsensibilität nicht mehr als Hindernis oder Einschränkung betrachten, sondern vollständig als ein Privileg, ein Geschenk und eine Superpower.

7 Tipps, um die Herausforderungen von Hochsensibilität mit Bravour zu meistern

1. Energie-Check

Der erste Schritt ist immer das Innehalten und In-sich-spüren. Bewusstsein zu schaffen dafür, was einem die Energie raubt. Und dann zu überlegen, was man konkret dagegen unternehmen kann. Es ist sehr wichtig für Hochsensible, vermehrt auf den eigenen Energiehaushalt zu achten, denn oft geht Energie an den falschen Stellen verloren. Gerade weil wir so sehr auf andere bedacht sind und selbst dabei oft zu kurz kommen. Energie, die wir eigentlich für uns selbst bräuchten, schenken wir anderen, indem wir versuchen, sie zufriedenzustellen, ihnen gerecht zu werden, sie glücklich zu machen. Doch das ist nicht unsere Aufgabe. Unsere Aufgabe ist es, uns vorerst um uns selbst zu kümmern. Erst danach sollten wir uns auch um andere kümmern und ihr Leben mit unserer einzigartigen Gabe bereichern.

2. Sich von Bewertungen freimachen

Wie bereits erwähnt, sind Hochsensible oft den Bewertungen nicht hochsensibler Personen ausgeliefert. Dies liegt an der mangelnden Aufklärung. Oft ist es schwer, für Nicht-Hochsensible hochsensible Persönlichkeiten zu verstehen. Daher stoßen Hochsensible nicht selten auf Kritik, Unverständnis und negative Bewertungen. Es ist wichtig für uns, uns von den Meinungen und Bewertungen von außen freizumachen. Uns selbst immer wieder vor Augen zu rufen, dass wir gut sind – so wie wir sind. Dass wir etwas Besonderes sind und ein einzigartiges Geschenk in uns tragen.

Ein Geschenk, das nur eben nicht jeder zu verstehen vermag und das ist in Ordnung so. Wichtig ist lediglich, dass wir selbst uns dessen bewusst sind.

Dass wir unsere Hochsensibilität zu unserem Vorteil nutzen und so mit ihr umgehen, dass es uns gut geht und wir mit uns selbst im Reinen sein können. Wenn wir öfter einen Rückzug benötigen als andere, ist das in Ordnung. Wenn wir mehr sehen und fühlen können als andere, dann ist das wundervoll. Und wenn wir sensibler und zugleich empathischer sind als andere, kann das uns selbst und unseren Mitmenschen nur von Vorteil sein. Diese neigen nur dazu, all das etwas falsch zu deuten, weil sie nicht aufgeklärt sind. Im Grunde genommen ist ihre Kritik uns gegenüber also gar nicht böse gemeint. Wenn wir uns das vor Augen halten, können wir uns von den Meinungen und Bewertungen von außen befreien und sie werden uns nicht länger tangieren und uns in unserer Hochsensibilität einschränken.

3. Zu sich selbst stehen

Wenn du Tipp 2 befolgst, wirst du auch Tipp 3 befolgen können: Ganz bei dir zu sein, du selbst zu sein und auch wahrhaftig dazu zu stehen. Gelingt dir das, wirst du ein wundervolles, erfülltes, ehrliches und freies Leben führen. Ein Leben, in dem du machen und sein kannst, was du willst. Ein Leben, in dem du dich nicht verstecken oder dich anpassen musst. Ein Leben voller Freiheit, Selbstliebe, Selbstvertrauen und Authentizität. Klingt das nicht wundervoll? Gerade für uns Hochsensiblen ist es wichtig zu lernen, zu uns selbst zu stehen. Uns nicht zu verbiegen oder unseren Mitmenschen anzupassen, nur um sie zufriedenzustellen.

Denn in diesem Muster sind wir sehr stark verankert, weil wir als Kinder bereits äußerst früh gelernt haben, die Erwartungshaltung von anderen zu erspüren und wir uns dieser dann automatisch anpassten, weil wir nicht negativ bewertet, geliebt werden und wir unsere Mitmenschen glücklich wissen wollten. Wir haben diese Gewohnheit einfach bis hin ins Erwachsenenalter übernommen, ohne uns bewusst dazu entschieden zu haben. Doch gerade wir Hochsensiblen dürfen lernen, dass wahre Liebe bedingungslos ist. Wir sind hochsensibel, weil die Evolution, die Natur, Gott, das Universum oder wer oder was auch immer es für uns anscheinend so vorgesehen hat, weil wir die Welt mit dieser Eigenschaft auf eine einzigartige Art und Weise bereichern können. Weil wir damit Heilung, Liebe, Empathie und Begeisterung in die Welt tragen können. Deswegen ist es so ungemein wichtig für uns, zu uns selbst zu stehen und uns nicht zu verstecken oder zu verstellen. Und nur das wird uns wahrhaftig glücklich machen.

4. Sich seiner Einzigartigkeit bewusst werden
Ein wichtiges Stichwort zu Punkt vier ist in Punkt drei bereits gefallen: Hochsensible sollten sich unbedingt immer wieder in Erinnerung rufen, dass andere nicht so denken und fühlen wie sie selbst. Wir mögen uns nicht selten darüber wundern, dass andere unempathisch, emotionslos oder gar egoistisch wirken. Wir mögen uns über ihre mangelnde Begeisterungsfähigkeit, ihren wenig ausgeprägten Gefühlsreichtum oder über ihr mangelndes Einfühlungsvermögen wundern. Oftmals nehmen wir diese Dinge vielleicht sogar persönlich und sind dann traurig. Doch wir sollten uns immer wieder bewusst machen: Nicht-Hochsensible denken und fühlen anders als wir. Sie nehmen Situationen, Gefühle, andere Menschen,

Liebe, Schmerz, Trauer, Freude, alle möglichen Reize – ja das ganze Leben –anders wahr als wir. Drum stoßen nicht nur wir ihnen gegenüber auf Unverständnis oder Ratlosigkeit, sondern auch umgekehrt. Genauso wenig wie sie streng mit uns umgehen sollten, sollten wir es mit ihnen. Wir funktionieren einfach unterschiedlich und wenn wir das im Kopf behalten, nehmen wir auch nichts mehr persönlich, wundern uns oder sind traurig, weil andere nicht dasselbe sehen, fühlen oder denken wie wir.

5. Klare, offene und ehrliche Kommunikation
Kommunikation ist in jeder zwischenmenschlichen Beziehung das A und O. Ohne Kommunikation läuft gar nichts. Gar keine, eine mangelnde oder eine schlechte Kommunikation kann zu vielen Missverständnissen, Problemen und zu viel Leid führen. Da die Mitmenschen Hochsensibler über Hochsensibilität oftmals nicht aufgeklärt sind, ist eine unmissverständliche, informative und angemessene Kommunikation hier besonders wichtig. Nicht-Hochsensible sind nicht wie du: Sie können nicht erfühlen, was du denkst, wie du dich fühlst, was du brauchst. Daher ist es sehr wichtig, dass du es ihnen sagst. Dass du ihnen zeigst, wenn dir etwas zu viel wird, wenn du eine Auszeit brauchst, Zeit für dich, um neue Kraft zu schöpfen; dass du deutlich machst, wenn jemand deine persönlichen Grenzen überschreitet, dass du dich traust, „Nein" zu sagen. So kann vielen Konflikten vorgebeugt werden. Wenn du unmissverständlich kommunizierst, fühlt sich jemand z. B. nicht vor den Kopf gestoßen, wenn du dich plötzlich zurückziehen möchtest und du fühlst dich nicht unter Druck gesetzt oder unverstanden, wenn dir jemand den Rückzug nicht gewähren möchte.

6. Perfektionismus ablegen

Hochsensible Menschen neigen zu Perfektionismus. Während sie sehr viel gleichzeitig wahrnehmen, nehmen sie auch die kleinen Details wahr. Dadurch haben sie zwar einen Blick für viele wunderschöne Feinheiten, die für andere vielleicht nicht sichtbar und greifbar sind, doch auch die Dinge, die nicht ganz so schön, perfekt oder richtig sind, fallen ihnen sofort auf. Sie erkennen, wo noch Verbesserungsbedarf ist und wollen diesem dann nachgehen. Hinzu kommt der ständige Drang, es allen anderen rechtzumachen und die Menschen um sich herum zufriedenzustellen. Damit das gelingt, nehmen sich Hochsensible ihren Perfektionismus zu Hilfe. Doch es ist schier unmöglich, alle gleichzeitig zufriedenzustellen. Dafür sind Menschen viel zu unterschiedlich. Das wird ihnen auch nicht mithilfe eines überhöhten Perfektionismus gelingen. Deswegen darfst du als hochsensible Persönlichkeit lernen, dass es völlig in Ordnung ist, wenn etwas nicht perfekt ist. Du hast zwar einen feineren Blick als andere, doch für andere mag es vielleicht egal sein, ob du etwas gut oder perfekt machst, weil sie keinen großen Unterschied sehen werden. Außerdem sind wir hier, um unser Leben schön zu gestalten, um glücklich zu sein und um unser Bestes zu geben. Doch all das hat nichts mit „perfekt sein" zu tun. Halte dir das immer wieder vor Augen, wenn du dich selbst dabei erwischst, dich wieder einmal in deinem Perfektionismus zu verlieren.

7. Ruhepausen und Rückzugsmöglichkeiten

Da wir Hochsensiblen ständig und stetig mehr Reize wahr- und aufnehmen und diesen Prozess nicht pausieren können, ist es wichtig für uns, uns selbst Pausen und Rückzugsmöglichkeiten zu schaffen. Das bedeutet, dass wir uns eine Umgebung bzw. eine Tätigkeit suchen, bei der wir weniger Reizen und Fremdenergien ausgesetzt sind. Immer wieder im Alltag oder auch mal einen ganzen Tag oder über einen längeren Zeitraum. Dies kann auf die unterschiedlichste Weise erfolgen. Wenn du z. B. auf einer gut besuchten und lauten Party bist, kannst du dich immer wieder mal in den Garten, in ein ruhiges Zimmer oder ins Bad zurückziehen, um kurz runterzukommen und neue Kraft zu tanken. Wenn du in deinem Beruf mit vielen Reizen, Informationen und Fremdenergien konfrontiert bist, könntest du mit deinem Vorgesetzten absprechen, nicht bloß eine, sondern mehrere kleinere Pausen am Tag einzulegen.

Um sich zurückzuziehen und zur Ruhe zu kommen, gibt es vielerlei Möglichkeiten: Schlaf, Meditation, Yoga, Malen, Musizieren, in der Natur spazieren, das Hören deiner Lieblingsmusik oder Kraft spendender Affirmationen mit Kopfhörern etc. All diese Tätigkeiten und viele weitere bewirken, dass du dich auf nur eine Sache konzentrierst – auf dich selbst, eine gewisse Bewegung, deine Atmung, einen bestimmten Klang. Dass du dich selbst wieder besser von anderen Gefühlen und Fremdenergien abgrenzen und dich selbst wieder mehr spüren kannst. Manchmal genügt es auch, einfach bloß die Augen zu schließen und ein paar ganz bewusste und tiefe Atemzüge zu nehmen. Was für dich am besten wirkt und dir auf schnellstmöglichem Wege neue Energie verspricht, darfst du für dich selbst herausfinden.

Eine weitere Möglichkeit, die sich sehr bewährt hat, sind Fantasiereisen. Diese werde ich dir im Folgenden näher vorstellen.

5. Fantasiereisen als wertvolles Tool für Hochsensible

Wie bereits erwähnt, ist es für Hochsensible besonders wichtig, sich Ruhephasen zu gönnen, sich abzugrenzen, zu entspannen und sich nur auf sich selbst zu fokussieren, um sich selbst wieder zu spüren, wieder die eigene Mitte zu finden, neue Kraft und Energie zu schöpfen. Ein sehr wertvolles Tool, um das zu erreichen, sind Fantasiereisen.

Was sind Fantasiereisen und wie funktionieren sie?

Fantasiereisen sind eine Art von Meditation, die auf der Vorstellungskraft einer einzelnen Person basieren. Sie sind eine Art innere Reise an einen imaginären oder aber auch einen realen Ort, der für den Reisenden als angenehm empfunden wird. Dieser Ort wird in Gedanken mithilfe der eigenen Vorstellungskraft besucht. Da unser Gehirn nicht unterscheiden kann, ob sich etwas tatsächlich oder lediglich in unseren Gedanken abspielt, können Fantasiereisen eine enorme Wirkung mit sich bringen und einen erheblichen Einfluss auf unseren mentalen und physischen Zustand haben. Stell dir vor, du beißt in eine große, saftige und extrem saure Zitrone. Zieht sich bei dir im Mund nicht gerade auch der gesamte Speichel zusammen, so als würdest du tatsächlich hineinbeißen? Oder stell dir vor, du befindest dich in der Arktis inmitten eines wütenden Schneesturms. Und jetzt stell dir vor, du bist dabei nur leicht sommerlich bekleidet. Na, bekommst du auch gerade eine Gänsehaut? Dasselbe können wir nun positiv für uns nutzen. Stell dir vor, du liegst in der Karibik an einem wunderschönen verlassenen Strand. Bei dir nur das beruhigende Rauschen der Wellen, der warme Sand unter deinen Füßen, die Energie spendende Sonne über dir, deren Strahlen dich wie ein lieblicher Mantel aus Glückshormonen umhüllt und der frische salzige Meeresduft, der deine Lungen wie von selbst mit gesundem wohltuenden und belebendem Sauerstoff füllt.

Wie fühlst du dich bei diesem Gedanken? Spürst du, wie du dich langsam entspannst, wie dir plötzlich ganz wohlig warm wird, wie sich ein Lächeln auf deinem Gesicht bildet?
Du merkst sicherlich, selbst eine solch kurze Fantasiereise hat einen schnellen und klar sichtbaren Einfluss auf uns und unsere Befindlichkeit. Unsere Gedanken sind so mächtig. Sie entscheiden letztendlich, wie wir uns fühlen und das hat eine unfassbare Wirkung auf unseren mentalen wie auch physischen Zustand. Das Gute ist, dass wir selbst unsere Gedanken wählen und steuern können. Dafür müssen wir lediglich bewusst und achtsam durchs Leben gehen.

Als Hochsensible sind wir zudem sehr kreativ und haben einen Blick für Details, wodurch uns Fantasiereisen noch leichter fallen. Zudem sind Fantasiereisen keine Grenzen gesetzt. Wir können hinreisen, wohin wir möchten und diese Reise gestalten, wie es uns beliebt.

Die Wirkung von Fantasiereisen

Fantasiereisen haben also eine sichtbare Wirkung auf unsere Befindlichkeit. Wie stark diese Wirkung ist, hängt von dir ab. Je mehr du dich auf eine Fantasiereise einlässt, desto stärker kann ihre Wirkung sein. Fantasiereisen helfen dir, aus deinem reizüberfluteten Alltag zu flüchten. Sie bieten dir einen sicheren Rückzugsort, an dem du dich wohl, geborgen und glücklich fühlst.

Sie schneiden dich von Fremdenergien, fremden Emotionen und Stimmungen ab und geben dir die Chance, dich wieder mehr selbst zu spüren und selbstbestimmt zu fühlen und zu agieren, weil du nach einer solchen Reise wieder genau weißt, was du eigentlich willst und wie du dich unabhängig von anderen fühlst.

Sie können als Anker dienen, um sich in gewissen herausfordernden Situationen mental immer wieder an einen Ort seiner Wahl zu begeben, der einem Kraft schenkt und einen wieder erdet. Dies gelingt, indem du deine Aufmerksamkeit auf deine innere Welt lenkst und für einen Moment abgegrenzt vom Außen bist. Fantasiereisen schenken uns in unruhigen Momenten Entspannung, Erdung und Kraft.
Du kannst dabei natürlich deinen eigenen Interpretationen und deiner eigenen Vorstellungskraft freien Lauf lassen und dir an der einen oder anderen Stelle noch zusätzliche Details hinzudenken.

Nun wünsche ich dir mit den folgenden wundervollen Fantasiereisen viel Freude und Entspannung. Auf dass du dein authentisches Selbst lebst und neue Energie tankst, wann immer du sie brauchst.

In Verbundenheit,
Miriam

Herzlich willkommen, du feinfühlige Seele!

Öffne dich für die wundersame Welt meiner Fantasiereisen, in denen deine empfindsame Natur erstrahlt. Hier findest du liebevolle Geborgenheit und Heilung für deine feinen Empfindungen.

Lass deine zarte Seele aufblühen und genieße diese magische Reise, die speziell für dich erschaffen wurde.

In liebevoller Verbundenheit,

Astrid

Die Kraft der Stille

1. Die Kraft der Stille

Suche dir einen ruhigen Ort und mache es dir richtig bequem. Ob im Liegen oder Sitzen, so wie es für dich angenehm ist. Komm erst mal in Ruhe dort an, wo du es dir nun gemütlich gemacht hast, in deiner besonderen Oase.

Atme tief ein und wieder aus. Mit jedem neuen Atemzug nimmst du gute Energie in dir auf und beim Ausatmen lässt du all deine Gedanken los.

Spürst du, wie alles in dir leichter wird?

Atme noch drei weitere Male tief ein und beobachte, wie sich dein Bauch erhebt und senkt, wenn du die gebrauchte Luft wieder rauslässt.

Sei im Hier und Jetzt, lege den Ballast des heutigen Tages ab. Du darfst das Nichtstun genießen.

Wenn dein Geist ruhig ist, beginnt deine heutige Fantasiereise.

Bist du bereit?

Vor deinem inneren Auge erscheint ein heller Weg, der von goldenem Licht erstrahlt wird.
Kleine Steine, gespickt mit Gras, liegen vor dir und du gehst mutig diesen Weg hinab.

Einen wunderschönen Tag hast du dir heute für deine Reise ausgesucht.

Die Sonne erhellt die Welt und streichelt sanft über deine Haut.

Mit jedem deiner Schritte wird es immer stiller um dich herum und die Welt scheint sich zu verlangsamen. Du freust dich über die angenehme Stille, denn in deiner Welt ist es oft viel zu laut und zu hektisch.

Glücklich ziehst du deine Schuhe aus, um dich mit dem Boden zu verbinden. Mit einem Lächeln spürst du die Steine und das weiche Gras unter deinen Fußsohlen und zwischen deinen Zehen.

Halte einen Moment inne und nimm alles ganz intensiver wahr.

Ist das nicht herrlich, wenn man achtsam mit sich und der Welt ist und die Gefühle und Empfindungen genießen und kraftvoll nutzen kann.

Du gehst weiter den Weg entlang und kommst an eine glasklare Wasserstelle. Sie sieht sehr einladend aus und du gönnst dir etwas frisches Wasser.

Die Kühle tut dir gut und beruhigt deine Innenwelt noch mehr. Du merkst, wie du den Stress und die Überforderung des Tages immer mehr abschütteln kannst, sogar dein Gedankenkarussell wird nach und nach weniger.

Die Erfrischung hat dir gut getan und du nimmst den Weg wieder auf. Mit kleinen Schritten folgst du dem Pfad und genießt die leichte Massage der Steine an deinen Füßen.

Herrlich!
Es ist schön, nichts tun zu müssen und einfach nur zu genießen.

Nach einer Weile erreichst du einen großen Baum, dessen Äste weit nach unten herabhängen.
Seine Blätter wiegen sich leise im Wind und zaubern ein schönes, angenehmes Klangspiel. Sein Stamm ragt majestätisch in die Höhe.

Du gehst noch näher und entdeckst ein schönes schattiges Plätzchen.

Das sieht sehr einladend aus, man könnte meinen, der Baum hätte auf dich gewartet.

Du setzt dich glücklich hin und lehnst dich entspannt an seinen kräftigen Baumstamm.

Kaum hast du es dir gemütlich gemacht, zappeln seine Blätter noch heftiger im Wind und zeigen dir seine Freude.

Da sitzt du nun und gönnst dir eine Verschnaufpause im Schatten des Baumes, an einem so herrlich angenehmen Tag und darfst einfach nur sein.

Während du gemütlich am Baumstamm lehnst schweifen deine Gedanken weit weg.

<u>Wie würdest du gerne sein? Was wünscht du dir für deinen Alltag?</u>

Nimm dir die Zeit und lass diese Gedanken zu,
ohne sie zu bewerten
oder zu verurteilen.

Atme tief ein und aus – spüre, wie dieser Baum dich umarmt.
Er nimmt dich an, so wie du bist, mit all deinen Gaben.

Im Hintergrund hörst du einige Vögel zwitschern und musst lächeln. Du fühlst dich auf einmal gestärkt, so als ob der Baum seine Kräfte mit dir geteilt hätte.

Eine leise innere Stimme sagt dir, dass du das Leben in all deinen Facetten erleben darfst – denn deine Sensibilität ist deine wahre Stärke, vergiss das NIE!

Die heutige Reise neigt sich langsam dem Ende zu.

Verabschiede dich nun von dem Baum.
Sei mutig und umarme ihn ruhig.
Lass all seine Kraft in dich hineinfließen.

Dann begibst du dich langsam auf den Rückweg, gehst deinen Weg zurück über den kleinen Steinpfad, vorbei an der Wasserstelle und zurück zum Anfangspunkt.

Mit jedem deiner Schritte spürst du deinen Körper und hörst genau in dich hinein. Du bist ein Wunder, voller Besonderheiten und Energie.

Kraftvoll gehst du auf deinem Weg weiter mit einer inneren Haltung der Ruhe und Klarheit,
die du nun gewonnen hast.

Während die Vögel am Wegesrand fröhlich zwitschern und dich begleiten, schaust du glücklich in die Ferne.

Du weißt, dass du jederzeit zu deinem besonderen Baum zurückkehren kannst, um dich zu stärken und zu erneuern.

Auf deiner heutigen Reise hast du erkannt, wie essentiell es ist, dir Zeit für dich selbst und deine Bedürfnisse zu nehmen und achtsam mit dir umzugehen.

Mit deiner neu gewonnenen Leichtigkeit, die du nun in dir spürst, gehst du voller Zuversicht die letzten Meter weiter.

Die Herausforderungen des Lebens werden kommen - doch du weißt nun, dass du stark genug bist, ihnen standzuhalten.

Mit dieser Reise hast du gelernt: Überstimulation ist kein Hindernis, sie ist eine wundervolle Herausforderung zum Wachsen und Lernen.

Du bist eine wundervolle Seele, vergiss das nie!

Der besondere Ort am Fluss

2. Der besondere Ort am Fluss

Suche dir einen ruhigen Ort und mache es dir richtig bequem. Ob im Liegen oder Sitzen, so wie es für dich angenehm ist. Komm erst mal in Ruhe dort an, wo du es dir nun gemütlich gemacht hast, in deiner besonderen Oase.

Atme tief ein und wieder aus. Mit jedem neuen Atemzug nimmst du gute Energie in dir auf und beim Ausatmen lässt du all deine Gedanken los.

Spürst du, wie alles in dir leichter wird?

Atme noch drei weitere Male tief ein und beobachte, wie sich dein Bauch erhebt und senkt, wenn du die gebrauchte Luft wieder rauslässt.

Sei im Hier und Jetzt, wirf den Ballast des heutigen Tages ab. Du darfst das Nichtstun in vollen Zügen genießen.

Wenn dein Geist ruhig ist, beginnt deine heutige Fantasiereise.

Bist du bereit?

Sanft streift der Morgennebel über die Landschaft, die vor dir liegt. Etwas entfernt hörst du das Rauschen eines Flusses und näherst dich neugierig.

Nach ein paar Schritten erstreckt sich vor dir das wunderschöne Flussufer.

Du schaust dich neugierig um und bemerkst wie ruhig und mit einem gleichmäßig, angenehmen Geräusch der Fluss durch die Landschaft fließt.

Genau in diesem Moment wirst du ein bisschen nachdenklich, denn eigentlich wünschst du dir, du könntest auch so sein wie der Fluss, der diese Ruhe ausstrahlt.

Oftmals wirst du von den kleinen Dingen im Alltag überwältigt und der tägliche Ballast wiegt schwer auf deinen Schultern.

Du folgst dem Fluss ein paar Meter und lässt dich mit jedem deiner Schritte von seiner Ruhe anstecken.
Deine Glieder und Gesichtszüge entspannen sich von Schritt zu Schritt und auch die wunderbar frische Luft tut dir gut.

Nimm einen kräftigen Atemzug und fülle deine Lungen.

Der herrliche Duft von Blumen und frischem Gras kitzelt in deiner Nase und du musst kichern.

Mit kraftvoll gefüllten Lungen spürst du, wie die Freude auf diese wundervolle Reise, die vor dir liegt, sich in dir breitmacht.

Ein perfekter Tag für ein Abenteuer und das Unbekannte. Auch wenn das vielleicht sonst eher nicht so ist, heute ist etwas anders und darüber erfreust du dich.

Du lächelst breit, wirfst deinen Nacken nach hinten und lässt dein Gesicht für eine kurze Weile von der Morgensonne verwöhnen.

Wundervoll!

Du atmest wieder kräftig ein und aus und spürst nun deine Füße und dann deine Zehen, wie sie sich fest in

das Gras hinein krallen. Das sanfte Gras kitzelt dich leicht zwischen den Zehen.

Du bist bereit, die Wunder des heutigen Tages zu entdecken und gehst weiter am Flussufer entlang.

Du schreitest mit kleinen Schritten über dicke runde Steine, kleine spitzige, flache und unförmige. Manche piksen dich, andere drücken fest gegen deine Fußsohle und doch bist du dankbar für diese wohltuende Massage.

Du hast es dir verdient, genieße jeden deiner Schritte!

Das Nass des Wassers bedeckt sie in unregelmäßigen Abständen und du erfreust dich an der Kühle, die eine wohltuende Erfrischung für deinen Körper ist. Während das Wasser angenehme Töne von sich gibt, spürst du, wie sich jede Zelle in dir noch mehr entspannt.

Nimm alles, was sich in dir ausbreitet, mit Freude an.

Doch plötzlich verändert sich etwas, neue Geräusche dringen aus der Ferne zu dir.

Als du neugierig weiterläufst, stehst du vor einer Brücke und am anderen Ufer entdeckst du einen belebten kleinen Flecken Erde. Menschen sitzen fröhlich zusammen und genießen den herrlichen Tag bei einem Picknick am Wasser!

Deine Hand krampft sich leicht am Geländer der Brücke fest. Trubel, viele Menschen und wirre Stimmen sind nicht Deins.

„Sei mutig, du wundervolle Seele und lass dich auf das Neue hier ein", haucht deine innere Stimme leise.

Erstaunt stellst du fest, dass dich eine innere Kraft genau dort hinzieht.
Mit überraschten Schritten überquerst du mutig die schmale Brücke und gehst zu den anderen, die schon lächelnd auf dich warten.
Herzlich wirst du begrüßt und aufgenommen.

Es fühlt sich wundervoll an, aufgenommen und angenommen zu werden, so wie du bist. Frei von Wertung.

Die fröhliche Stimmung ist ansteckend und du setzt dich auf eine Decke und lauscht den Gesprächen der anderen.

Eine besondere Ruhe geht von den Menschen aus.

Genieße es!

Außergewöhnlich, denn sonst überfordern dich solche Situationen. Doch hier und heute ist alles anders. Du genießt es und fühlst dich wohl in der Gesellschaft.

Völlig entspannt, voller Leichtigkeit blickst du in die Ferne.

Du atmest tief ein und aus und konzentrierst dich auf deinen Atem, der ruhig und gleichmäßig kommen und gehen darf, wie er möchte.

Während die anderen um dich herum reden und ausgelassen lachen, bist du weiterhin auf deinen Atem

fokussiert und ganz bei dir.
Wenn du magst, schließe deine Augen für einen Moment und lausche dem sanften Plätschern des Wassers, das deine Sinne umschmeichelt.

Lass deinen Blick über die grünen Gräser und die weitläufigen Wiesen schweifen, die sich in einer bezaubernden Landschaft ausbreiten.

Spüre die harmonische Verbindung zur Natur, während du in dieser Idylle verweilst und die Schönheit des Augenblicks in dich aufnimmst.

Genieße es mit all deinen Sinnen.
Kannst du den Lavendel riechen, der wundervoll in deine Richtung zieht?

Jede deiner Zellen ist nun tiefenentspannt und mit dem Gesang des Flusses rutscht du in eine meditative Ruhe und betrachtest die Welt mit ganz neuen Augen.

Du machst das ganz wunderbar!

Ganz bewusst nimmst du deine Umgebung wahr. Du entdeckst kleine Dinge, die du noch nie zuvor bemerkt hast – das helle Grün der Blätter, die bunten Schmetterlinge und die Schönheit der Pflanzen um dich herum.

Langsam neigt sich deine heutige Reise dem Ende zu.

Du darfst dir klar machen, dass du immer einen sicheren Ort, hier am Fluss, haben wirst. Wann auch immer du

Überforderung spürst, ist nun hier deine besondere Oase, die du dir in Gedanken immer wieder herholen kannst. Ein Ort, der dich einlädt, um Ruhe zu finden und dir die Möglichkeit gibt, dich vollständig aufzuladen.

Fühl mal kurz in dich hinein! Leg deine Hände auf deine Brust. Was spürst du? Merkst du, wie entspannt und zufrieden du bist.

Selbstbewusster als je zuvor bist du und du weißt nun, wie du in schwierigen sozialen Situationen durch gezielte Atmung und Meditation stark bleiben kannst. Heute hast du es dir selbst bewiesen und zudem noch einen wundervollen Ort für dich alleine entdeckt.

Halte diesen friedlichen Moment in deinem Herzen und in deiner Erinnerung fest.

Jetzt bist du bereit, zurück in die reale Welt zu gehen und kannst das Gelernte anwenden.
Die Erkenntnis, dass du jederzeit diesen sicheren Ort aufsuchen darfst, gibt dir ein Gefühl der Stärke und Sicherheit. Du weißt ebenso, wie wichtig es ist, achtsam durchs Leben zu gehen und auf deine Atmung zu achten.

Die Natur hat dir gezeigt, dass sie eine wundervolle Kraftquelle sein kann - eine Quelle der Inspiration und auch der Ruhe.

Atme nun noch einmal ganz tief ein und spüre wie der Wind sanft über dein Gesicht streichelt, während du dich von diesem friedlichen Ort verabschiedest - mit dem Wissen im Herzen: „Ich bin stark genug, um jede Situation meistern zu können!"

Die Entdeckung

3. Die Entdeckung

Suche dir einen ruhigen Ort und mache es dir richtig bequem. Ob im Liegen oder Sitzen, so wie es für dich angenehm ist. Komm erst mal in Ruhe dort an, wo du es dir nun gemütlich gemacht hast, in deiner besonderen Oase.

Atme tief ein und wieder aus. Mit jedem neuen Atemzug nimmst du gute Energie in dir auf und beim Ausatmen lässt du all deine Gedanken los.

Spürst du, wie alles in dir leichter wird?

Atme noch drei weitere Male tief ein und beobachte, wie sich dein Bauch erhebt und senkt, wenn du die gebrauchte Luft wieder rauslässt.

Sei im Hier und Jetzt, wirf den Ballast des heutigen Tages ab. Du darfst das Nichtstun in vollen Zügen genießen.

Wenn dein Geist ruhig ist, beginnt deine heutige Fantasiereise.

Bist du bereit?

Wenn du einmal blinzelst, merkst du, dass du dich an einem anderen Ort befindest.

Was siehst du? Schärfe deine Sinne und schau dich in aller Ruhe um.

Du befindest dich in einer idyllischen Landschaft, eingebettet zwischen sanften, mit sattem Grün bedeckten Hügeln, die sich majestätisch um dich herum erheben. Ein leichter Duft von Kräutern streift deine

Nase und du genießt das heutige Schauspiel.

All das verleiht der Szenerie eine beruhigende und harmonische Atmosphäre.

Ein schmaler Fluss schlängelt sich in eleganter Bewegung durch das Tal und lässt dich noch ruhiger werden.

Ist das nicht wunderbar?
Atme kräftig ein und wieder aus. Nimm wahr, wie dein Körper sich entspannt und du dich in dieser Umgebung sicher fühlst.

Hier an diesem friedlichen Ort nimmst du bewusst deine hochsensiblen Empfindungen wahr.
Du erkennst, dass du die Welt mit einer intensiven Sensibilität und einem tiefen Einfühlungsvermögen erlebst.

Vielleicht fühlst du dich oft überwältigt von den alltäglichen Reizen und der Energie um dich herum und all das führt zu Stress und Erschöpfung.
Doch heute, genau in diesem Moment der Reise, spürst du eine sanfte Brise auf deiner Haut und hörst das beruhigende Rauschen des Flusses.

Herrlich, nicht wahr?

Du strahlende und einzigartige Seele - dass deine Hochsensibilität eine wertvolle Gabe ist, die es dir ermöglicht, die Welt auf eine einzigartige Weise zu erleben!

Nimm dir einen Moment und lass dir diese Worte eine

Weile durch den Kopf gehen.
Spüre in dich hinein, was lösen diese Worte in dir aus?

Kannst du die Bestätigung des warmen Gefühls, welches sich genau jetzt überall in dir breitmacht, wahrnehmen?

Ja, du, genau du zartes Geschöpf bist in der Lage, tiefgründige Verbindungen zu anderen Menschen herzustellen und eine tiefe Empathie zu empfinden.

Du gehst ein paar Schritte durch die Gegend und während du weiter in diese Erkenntnis eintauchst, entdeckst du vor dir einen leuchtenden Baum. Seine Äste wiegen sich sanft im warmen Wind und ragen weit nach oben in den Himmel. Ihre majestätische Präsenz wirkt fast wie eine Brücke zwischen Himmel und Erde.

Schau dir diesen besonderen Baum genau an.

Atme! Sauge seine kraftvolle Energie in dich auf.

Du nimmst die feinen Details des riesigen Baumes wahr und fühlst dich von seiner Kraft und Stärke inspiriert. Die Wurzeln des Baumes, tief in die Erde verwurzelt, symbolisieren Standhaftigkeit und Beständigkeit. Der Stamm des Baumes strahlt eine beeindruckende Robustheit aus. Du gehst noch näher und berührst den Stamm.

Fühle die Textur seiner Rinde! Grob und doch faszinierend in ihrer Einzigartigkeit. Sie erzählt dir von so vielen Jahren und unzählige Geschichten, die der Baum erlebt hat.

Sein Blätterwerk ist üppig und voller Leben.
Mit jeder neuen Brise, die durch die Zweige weht, erklingt eine liebliche Melodie.

Schließe deine Augen und lausche dieser Melodie für eine Weile.

Ist es nicht zauberhaft und beruhigend zugleich? Genieße diesen Moment.

Ein Funkeln am Baumstamm lässt dich genauer hinschauen. Was ist das, was so funkelt?

Es steckt ein Stück in der Erde und als du es herausziehst, verstehst du, was du in der Hand hältst.

Einen Spiegel.

Etwas überrascht drehst du ihn ein paar Mal in deiner Hand.

Schau in diesen Spiegel. Schau tief hinein. Was erkennst du?

Siehst du dein wahres Selbst, deine Stärke und deine innere Schönheit! Deine schillernde Persönlichkeit, die dich anstrahlt.

Erkenne, dass du eine einzigartige Kombination aus Talenten, Fähigkeiten und Leidenschaften besitzt, die nur darauf warten, entfaltet zu werden.

Du musst kräftig ausatmen, denn diese Worte lösen ein Gewitter von Gefühlen in dir aus. Setz dich und lass den Baum dir Halt geben. Lehne dich entspannt an seine starke Wurzel.

Sehr gut.

Du zauberhaftes Wesen, auch wenn du es an manchen Tagen nicht zulässt, so weißt du doch genau, dass es stimmt. Du bist wundervoll und voller besonderer Gaben.

Atme einige Male tief ein und lass alle kräfteraubenden Gedanken mit deinem nächsten Atemzug los.

Du fühlst dich leicht, leicht wie eine Feder. Genieße dieses Gefühl!

In diesem Moment erkennst du, dass es nicht darum geht, deine Hochsensibilität zu unterdrücken oder dich zu verändern, sondern sie als eine Quelle der Kraft und des Wachstums anzunehmen.

Erlaube dir, all die Dinge loszulassen, die dich belasten und quälen, und lass stattdessen positive Energie in dein Leben einziehen.

Hör genau hin und fühle, wie sich in deinem Inneren alles verändert.
Spürst du, wie sich die Leere in dir mit Liebe, Erfüllung und einem tieferen Sinn füllt.

Leg dazu deine Hände auf deine Brust und genieße diese Veränderung in dir.
Atme!
Atme, du wundervolle Seele.

Langsam geht unsere heutige Reise zu Ende.

Verabschiede und bedanke dich nun bei dem Baum für seine Kraft und Weisheit, die er dir gespendet hat.

Du nimmst den Spiegel und schlenderst mit langsamen Schritten zu deinem Anfangsort zurück.

Mit jedem Schritt verstärkt sich dein neu gewonnenes Gefühl und mit ihm auch die Erkenntnisse.

Du strahlst übers ganze Gesicht und genießt die Abendsonne, die dich liebevoll umhüllt.

Lass die kleinen Steinchen deine Fußsohlen massieren und lausche erfreut all den Geräuschen, die der Natur entspringen.

Atme tief und fest ein paar Mal ein und wieder aus!

Sehr gut.

Du bist bereit und kehrst mit einem Gefühl von innerer Stärke und einem neuen Verständnis deiner selbst in dein Leben zurück.

Du weißt, dass du deine Hochsensibilität als eine wertvolle Gabe nutzen kannst, um all deine Träume zu verwirklichen und ein erfülltes Leben zu führen.

Die Botschaft der Schmetterlinge

4. Die Botschaft der Schmetterlinge

Suche dir einen ruhigen Ort und mache es dir richtig bequem. Ob im Liegen oder Sitzen, so wie es für dich angenehm ist. Komm erst mal in Ruhe dort an, wo du es dir nun gemütlich gemacht hast, in deiner besonderen Oase.

Atme tief ein und wieder aus. Mit jedem neuen Atemzug nimmst du gute Energie in dir auf und beim Ausatmen lässt du all deine Gedanken los.

Spürst du, wie alles in dir leichter wird?

Atme noch drei weitere Male tief ein und beobachte, wie sich dein Bauch erhebt und senkt, wenn du die gebrauchte Luft wieder rauslässt.

Sei im Hier und Jetzt, wirf den Ballast des heutigen Tages ab. Du darfst das Nichtstun in vollen Zügen genießen.

Wenn dein Geist ruhig ist, beginnt deine heutige Fantasiereise.

Bist du bereit?

Die Sonne strahlt hell am Himmel und die Vögel zwitschern fröhlich im Blätterdach der Bäume.

Während du deine heutige Reise neugierig startest, spürst du sofort den kühlen Waldboden unter deinen Füßen und atmest tief ein.

Die Natur ist ein wahres Wunder, du liebst sie sehr und erfreust dich an allem, was deine Sinne wahrnehmen.

Der herrliche Duft von gemähtem Gras und frischem
Laub steigen in deine Nase und neben dir raschelt es in einem
Baum, während sich ein Eichhörnchen flink seinen Weg sucht.
Du lächelst.

In der Natur zu sein, macht dich glücklich und ruhiger, stimmt's?
Hier schaffst du es, dich zu erden.

Du schlenderst weiter einen Weg hinab, als du plötzlich vor
einem kleinen Fluss stehen bleibst.

Das Wasser glitzert wunderschön im Sonnenlicht und du
bemerkst, dass du diese Ruhe dringend nötig hast.

Dein Alltag kann sehr turbulent und stressig sein und du fühlst
dich oft überfordert.
Es ist wichtig, regelmäßige Pausen einzulegen und ruhige
Momente zu genießen, um neue Energie zu tanken und
innezuhalten.

Du bist ein lebhaftes Individuum, aber dein Perfektionismus
hindert dich manchmal daran, Fehler zu akzeptieren. Dadurch
hast du hohe Erwartungen an dich selbst entwickelt und stellst
dir große Anforderungen.

Nimm dir die Zeit, um liebevoll mit dir selbst umzugehen
und zu erkennen, dass du bereits großartig bist.

Du setzt dich ans Ufer des Flusses und beobachtest
das ruhige Wasser, während sich deine
Gedanken mehr und
mehr beruhigen.

Ein bunter Schmetterling fliegt dir auf die Hand und du beobachtest ihn, begutachtest seine Bewegungen und seine schillernden Farben.

Mit jedem seiner Flügelschläge hast du mehr und mehr das Gefühl, er schaue dir direkt ins Herz.

Und plötzlich flattern dir auch Gedanken zu.

Du darfst loslassen und auch einfach mal Fehler machen. Genau das macht dich menschlich.
Du brauchst nicht perfekt zu sein. Dein ganzes langes Leben hast du Zeit, um zu lernen, dich weiterzuentwickeln und dich selbst immer besser kennenzulernen.

Du nimmst einen ganz tiefen Atemzug und merkst, wie kraftvoll und voller Wahrheit diese Worte sind. Sie helfen dir dabei, zu innerer Stärke zu finden.

Nimm sie an.

Plötzlich bemerkst du eine sanfte Brise auf deiner Haut.

Überrascht stellst du fest, dass der kleine Schmetterling Besuch bekommen hat. Viele hunderte Schmetterlinge, in allen erdenklich bunten Farben, zappeln um dich herum und tanzen auf deinem Körper, als würden sie dich herzlich umarmen.

Herrlich intensiv fühlt sich das an und du genießt das Schauspiel in vollen Zügen.

In dieser wunderbaren Umgebung fühlst du dich
geborgen wie nie zuvor.
Alles um dich herum scheint unperfekt perfekt und du verstehst,
dass das sein darf.

Glückseelig machst du es dir mit dem Fluss als
Hintergrundmusik gemütlich.

Entspanne nun all deine Muskeln und genieße diesen
Augenblick.

Spüre den reichen Schatz an dankbarer Gelassenheit in dir.

Die Schmetterlinge haben sich wie ein magischer Teppich
neben dir ausgebreitete und geben dir zusätzliche Ruhe.

Fühl mal kurz in dich hinein!
Leg deine Hände auf deine Brust und lausche deinem Herzen.

Was spürst du?

Kannst du fühlen und hören, wie es deinem Herzen gefällt,
wenn du einfach sein darfst, so wie du bist?

Noch eine Weile liegst du einfach entspannt und glücklich da.
Du spürst die Leichtigkeit in dir und bist dankbar für den
heutigen Ausflug.

So langsam neigt sich auch diese Reise dem Ende zu.

Ein paar Schmetterlinge hüpfen auf dein
Gesicht und zeigen dir, dass es Zeit wird, sich

wieder auf den Rückweg zu machen.

Dankend schaust du die Schar an bunten
wunderhübschen Faltern noch einmal an und machst
dich auf den Rückweg.

Die Ruhe und Ausgeglichenheit in dir begleitet dich
auf deinem Weg.

Du hast verstanden, dass du Mensch sein darfst,
Fehler als Chance sehen darfst und es bei allem
Bestreben so wichtig ist, Zeit für dich
selbst zu nehmen!

Deine schnelllebige Welt darfst du ab und zu
langsamer werden lassen.

Wann immer du magst, wann immer du es brauchst,
darfst du genau hierhin zurückkommen.

Hier findest du Ruhe und darfst dich wieder entsinnen,
wie wundervoll es ist, unperfekt perfekt zu sein.

Atme noch ein paar Mal kräftig ein und wieder aus.

Nimm diese wunderschöne Erfahrung für deinen Alltag
mit und rufe ihn dir in Erinnerung, wenn deine
Probleme oder der Perfektionismus
sich wieder melden.

So kannst du deiner Seele einfach mal Ruhe geben und daraus neue Kraft schöpfen.

Du bist ein wundervolles Geschöpf, so wie du bist,
mit all deinem Zauber und deinen Gaben.

Die Melodie der Elfe

5. Die Melodie der Elfe

Suche dir einen ruhigen Ort und mache es dir richtig bequem. Ob im Liegen oder Sitzen, so wie es für dich angenehm ist. Komm erst mal in Ruhe dort an, wo du es dir nun gemütlich gemacht hast, in deiner besonderen Oase.

Atme tief ein und wieder aus. Mit jedem neuen Atemzug nimmst du gute Energie in dir auf und beim Ausatmen lässt du all deine Gedanken los.

Spürst du, wie alles in dir leichter wird?

Atme noch drei weitere Male tief ein und beobachte, wie sich dein Bauch erhebt und senkt, wenn du die gebrauchte Luft wieder rauslässt.

Sei im Hier und Jetzt, wirf den Ballast des heutigen Tages ab. Du darfst das Nichtstun in vollen Zügen genießen.

Wenn dein Geist ruhig ist, beginnt deine heutige Fantasiereise.

Bist du bereit?

Deine heutige Reise führt dich in den Wald.

Ein sanfter Wind weht durch den Wald und zerzaust auch leicht deine Haare.
Als du bemerkst, dass du heute im Wald deine Reise erleben darfst, erfreust du dich und schaust dich neugierig um. Der Wald umgibt dich, die Sonnenstrahlen fallen durch die Baumkronen und das Gras unter deinen Füßen ist weich und wohltuend warm.

Du atmest kräftig ein. Lässt die saubere und kraftvolle Luft deine Lungen füllen und bläst alles, was verbraucht ist, wieder raus.

Sehr gut!

Mit dem letzten Ausatmen lässt du auch all die quälenden Gedanken los.

Die Natur um dich herum gibt dir Kraft und Ruhe.
Du spürst deine Haut, wie sie von der Sonne erwärmt wird und fühlst, wie dein inneres Selbst gestärkt wird.

In der Ferne hörst du das Rauschen eines Wasserfalls.
Du bist bereit, heute ein Abenteuer zu erleben und gehst neugierig los.

Mit sanften Schritten folgst du dem Klang bis zu einem idyllischen Teich, wo sich das Wasser in einem märchenhaften Tanz bewegt.

Etwas entfernt von dir steht eine wunderschöne Elfe, die leuchtend grün strahlt.
Du bist sofort von ihr fasziniert und gehst erwartungsvoll näher hin.

Eine Weile schaut sie dich wortlos an und ihre Augen blicken dir tief in die Seele.
Sie weiß genau, was dich beschäftigt - deine ständige Unzufriedenheit mit dir selbst.

Du lässt es geschehen und stellst fest, dass dich ihre Blicke nicht stören.
Im Gegenteil – sie strahlt so viel Liebe und Geborgenheit aus, dass du dich in ihrer Nähe unglaublich gut fühlst.

Die Elfe lächelt sanft und ermutigt dich dazu, dich selbst so zu akzeptieren, wie du bist – mit all deinen Stärken und Schwächen. Denn beides macht dich als Person vollkommen.

„Du liebes Menschenkind, lass bitte das Gefühl des Nichtgenügens los, denn es zehrt nur an deiner Energie", haucht sie dir freundlich entgegen.

Während sie diese Worte ausspricht, umhüllt dich ein warmer Schleier und es fühlt sich so an, als würde jede Zelle deines Körpers aufgehen im Licht einer niemals gewussten Wahrheit.

Atme kräftig ein und lass alles, was gehen darf, wieder raus.

Sehr gut!

Sie kommt noch näher zu dir und mit einem Flügelschlag berührt sie dich sanft.

Kaum hörbar haucht sie: „Du wundervolles Geschöpf. Es ist in Ordnung, Fehler zu machen oder Dinge nicht perfekt zu beherrschen, denn auch diese kleinen Hürden gehören zum Leben dazu."

Doch in diesem Moment sind alle Hürden verschwunden und du spürst dich selbst, jede Faser deines Körpers.

Du spürst endlich, wie du wirklich bist – stark, mutig und voller Liebe zu dir selbst.

Die Elfe nimmt nun ihre Flöte und beginnt, eine wunderschöne Melodie zu spielen.

Schließe nun für einen Moment deine Augen und genieße die Klänge ihrer Musik und lass ihr Spiel tief in dir nachklingen.

Du atmest kräftig ein und aus, und noch ein weiteres Mal.

Und dann hältst du dieses großartige Gefühl fest.
Du legst es an einen sicheren Ort in deinem Herzen, um es immer wieder abrufen zu können - diese innere Stärke.

Denn nun kennst du die Bedeutung deiner Selbstliebe und kannst mit deiner Hochsensibilität entspannt durchs Leben gehen.

In diesem Moment spürst du genau: alles ist gut – so, wie es ist. Du bist gut, genau so, wie du bist.

Die Elfe lächelt dich an und sagt: „Du hast es geschafft, du wundersames Geschöpf! Du hast endlich deine innere Stärke gefunden."
Ihre Worte streicheln deine Seele und berühren dich tief in deinem Herzen. Eine kleine Träne kullert vor Glück über deine Wange und mit dem nächsten Blinzeln öffnest du deine Augen.

Du hast dich verändert, alles um dich herum scheint verändert zu sein.

Du blickst um dich und erkennst, dass dir die Bäume in einem helleren Grün, der Himmel blauer und die Luft frischer erscheinen.
Die Elfe steht auf und reicht dir liebevoll ihre Hand.

„Komm mit mir!", sagt sie sanft.

Gemeinsam geht ihr durch den Wald, vorbei an glitzernden Seen und duftenden Blumenwiesen.

Jeden gemeinsamen Schritt genießt du und kannst spüren, wie die neu gewonnene Stärke in dir noch mehr Raum einnimmt.

Wundervoll, nicht wahr?

Unterwegs erzählt dir die Elfe von ihren schönen Abenteuern in anderen Welten und zeigt dir magische Orte voller Wunder.
Du musst staunen.

Nach einer Weile kommt ihr schließlich wieder an die Stelle, wo vorhin deine Reise begonnen hat.

Die Elfe schaut dir noch einmal tief in die Augen und sagt:
„Denk immer daran, du bist stark genug für alles was das Leben bringt.
Deine Hochsensibilität ist deine Superpower."

Mit einem Wimpernschlag ist sie genauso schnell verschwunden wie sie gekommen ist.

Du atmest einige Male kräftig ein und wieder aus.

Mit einem Lächeln auf den Lippen blickst du auf deine heutige Reise zurück.

Dein Herz ist erfüllt von kostbaren Erinnerungen und unvergesslichen Momenten.

Auch wenn sich diese Reise dem Ende zuneigt, wird ihr Zauber für immer in dir weiterleben.

Mit neuem Mut und Inspiration im Gepäck schreitest du nun auf deinem Lebensweg voran, bereit, weitere Träume zu verwirklichen und neue Horizonte zu entdecken.

Du wundervolle Seele, möge das Glück dich auf all deinen Wegen begleiten und deine neu gewonnene Stärke stets an deiner Seite sein.

Der Schwan und die Inseln

6. Der Schwan und die Inseln

Suche dir einen ruhigen Ort und mache es dir richtig bequem. Ob im Liegen oder Sitzen, so wie es für dich angenehm ist. Komm erst mal in Ruhe dort an, wo du es dir nun gemütlich gemacht hast, in deiner besonderen Oase.

Atme tief ein und wieder aus. Mit jedem neuen Atemzug nimmst du gute Energie in dir auf und beim Ausatmen lässt du all deine Gedanken los.

Spürst du, wie alles in dir leichter wird?

Atme noch drei weitere Male tief ein und beobachte, wie sich dein Bauch erhebt und senkt, wenn du die gebrauchte Luft wieder rauslässt.

Wirf den Ballast des heutigen Tages ab, lass deine Gedanken los und sei im Hier und Jetzt. Du darfst das Nichtstun in vollen Zügen genießen.

Wenn dein Geist ruhig ist, beginnt deine heutige Fantasiereise.
Bist du bereit? Spürst du die Ruhe in jeder deiner Zellen?

Du stehst am Ufer eines glasklaren Sees, dessen ruhige Oberfläche das strahlende Licht des Himmels widerspiegelt. Umgeben von hohen Bergen erhebt sich die Natur in ihrer ganzen erhabenen Schönheit.

Ein tiefgrüner Wald erstreckt sich vor dir. An diesem magischen Ort scheint die Zeit stillzustehen. Die Stille der Natur umhüllt dich und lässt dich den Atem der Erde spüren.

Die kühle Brise streicht sanft über deine Haut und ein Gefühl von Frieden und Ruhe breitet sich in dir aus. Hier, an diesem besonderen Ort, hast du die Gelegenheit, in dich selbst einzutauchen.

Du spürst die Kraft und die Weisheit, die in dir ruhen. Doch es gibt auch eine Erkenntnis, die sich leise in dein Bewusstsein schleicht.

Du erkennst, dass du als hochsensible Person viel zu oft dazu neigst, das Gewicht der Welt auf deinen Schultern zu tragen. Du sagst zu vielem „Ja", ohne dir selbst die nötigen Grenzen zu setzen.

Als du tief in deinen Gedanken versunken bist, taucht ein Schwan neben dir auf.

Überrascht schaust du ihn an.

Sein stolzes, schneeweißes Gefieder glänzt im sanften Sonnenlicht. Elegant erhebt sich sein Hals stolz aus dem glitzernden Gewässer, während er seine majestätische Erscheinung mit Anmut und Grazie präsentiert.

Freundlich steht er vor dir und lädt dich auf eine Fahrt über den malerischen See ein.
Du musst nicht lange nachdenken und gehst auf ihn zu.

Atme kurz ein und wieder aus und mach dich innerlich bereit für dein heutiges Abenteuer. Mit einem Mal sind deine grauen Gedanken verschwunden und durch den Schwan kannst du neue Kraft schöpfen.

Vorsichtig steigst du auf und ihr gleitet erhaben über das Wasser.

Unglaublich schön, nicht wahr? Genieße es und lass alles los, was dich belastet.

Ein glücklicher Seufzer entfährt dir und du kostest jeden Moment in vollen Zügen aus.

Die Ruhe und die Leichtigkeit des Tieres übertragen sich auf dich und du fühlst dich leicht wie eine Feder, die über das Wasser gleitet.

„Du bist wundervoll, weißt du das?", haucht dir der Schwan zu.

Freundlich bedankst du dich für seine lieben Worte, die wie Balsam für deine Seele sind.

Du lächelst leicht, doch es fällt dir schwer, das anzuerkennen.

„Heute begibst du dich auf eine außergewöhnliche Reise, die dir eine wichtige Lektion offenbaren wird. Ich kann spüren, dass du als hochsensible Seele oft dazu neigst, zu vielem „Ja" zu sagen und dir selbst keine Grenzen setzt. Doch all dies führt zu Erschöpfung und Vernachlässigung deines eigenen Wohlbefindens. Du, wundervolles Wesen, verdienst nur das Beste. In dir ruht etwas Einzigartiges, etwas, das nicht viele Menschen in sich tragen. Du besitzt besondere Gaben, die deine Individualität auszeichnen."

Du musst schlucken, denn seine Worte enthalten so viel Wahrheit.
Du spürst genau, dass er Recht hat. Tatsächlich fällt es dir schwer, „Nein" zu sagen und auch Grenzen zu setzen gehört nicht unbedingt zu deinen Stärken.

„Schau nicht so traurig", sagt er liebevoll und sein langer Hals berührt sanft deinen Arm.
„Du bist heute nicht hier um Trübsal zu blasen, du darfst erkennen, dass viel mehr in dir steckt als du bisher gedacht hast. Schließe nun deine Augen und vertraue mir."

Das machst du gerne. Du vertraust dem Schwan und schließt sanft deine Augen.

Als du sie nach einer Weile mutig wieder öffnest, tauchen 2 kleine Inseln auf, die dich umringen.

„Jede dieser Inseln symbolisiert eine Grenze, die du setzen darfst", flüstert der Schwan.

Die erste Insel ist die des Selbstwertgefühls. Hier gilt es, dich selbst nicht zu vernachlässigen und für dich einzustehen.

Bist du bereit? Atme kräftig ein und wieder aus.

Du steigst ab und betrittst die Insel des Selbstwertgefühls. Sofort spürst du eine liebevolle Wärme, die dich umgibt. Du erkennst, dass es an der Zeit ist, deine eigenen Bedürfnisse anzuerkennen und dir selbst mit Mitgefühl und Respekt zu begegnen.

Mit jedem Schritt auf dieser Insel wächst dein Selbstvertrauen und du fängst an, dich als wertvoll und liebenswert zu sehen.

Ist das nicht wundervoll? Lass dieses Gefühl des Selbstvertrauens durch dich hindurchfließen.

Kannst du es spüren, in jeder deiner Fasern?

Die zweite Insel ist die der Prioritäten. Hier darfst du lernen, realistisch einzuschätzen, was machbar ist und welche Aufgaben wirklich wichtig sind.

Gespannt betrittst du die Insel der Prioritäten und spürst sofort eine klare Ausrichtung, die dich erfüllt.

Halte kurz inne und lass dieses Gefühl sich in dir breitmachen.

Atme dabei tief ein und wieder aus.

Super!

Du erkennst, dass es an der Zeit ist, deine Energien bewusst auf die wesentlichen Aufgaben und Ziele zu lenken.

Mit jedem Schritt auf dieser Insel gewinnst du Klarheit darüber, was für dich wirklich wichtig ist und lernst, deine Ressourcen effektiv einzusetzen.

Ist das nicht herrlich?

Spüre jetzt genau in dich rein und lass dieses Gefühl der Klarheit in jede deiner Zellen fließen.

Nach ein paar Minuten der Stille steigst du wieder auf den Rücken des Schwans.

Mit geschlossenen Augen und völlig entspannt genießt du die Rückfahrt.
Du spürst, wie die Stärke und Weisheit mit jedem Meter in dir wächst.

Glücklich atmest du tief ein und kräftig wieder aus.
Und noch ein weiteres Mal.

Mit jeder seiner Bewegungen näherst du dich dem Ende dieser Reise.

Du hast heute so viel gelernt. Diese Reise hat dich zu einem tieferen Verständnis von dir selbst geführt und nachhaltig zu einem erfüllten Leben.

Öffne nun wieder langsam deine Augen und spüre, wie du gestärkt in die Realität zurückkehrst – bereit für neue Herausforderungen.
Nimm dir immer Zeit für dich und achte auf deine Bedürfnisse.

Lass dich nicht von den Erwartungen und Manipulationen anderer beeinflussen, sondern steh fest zu deiner eigenen Wahrheit und sei achtsam mit deinen persönlichen Grenzen.

Du bist der Kapitän deines Lebensschiffes und bestimmst die Route – niemand sonst.

Und wenn es doch einmal stürmisch wird, weißt du nun, dass du in Gedanken immer hierher zurück reisen kannst.

In dir liegt eine wundervolle Schönheit, die sich in all deinen Facetten entfaltet – auch in deinen Grenzen und in deinem Mut, „Nein" zu sagen.

Du bist vollkommen, mit all dem, was dich einzigartig macht.

Der Baum am Strand

7. Der Baum am Strand

Suche dir einen ruhigen Ort und mache es dir richtig bequem. Ob im Liegen oder Sitzen, so wie es für dich angenehm ist. Komm erst mal in Ruhe dort an, wo du es dir nun gemütlich gemacht hast, in deiner besonderen Oase.

Atme tief ein und wieder aus. Mit jedem neuen Atemzug nimmst du gute Energie in dir auf und beim Ausatmen lässt du all deine Gedanken los.

Spürst du, wie alles in dir leichter wird?

Atme noch drei weitere Male tief ein und beobachte, wie sich dein Bauch erhebt und senkt, wenn du die gebrauchte Luft wieder rauslässt.

Wirf den Ballast des heutigen Tages ab, lass deine Gedanken los und sei im Hier und Jetzt. Du darfst das Nichtstun in vollen Zügen genießen.

Wenn dein Geist ruhig ist, beginnt deine heutige Fantasiereise.

Bist du bereit?
Spürst du die Ruhe in jeder deiner Zellen?

Deine heutige Reise führt dich an einen einsamen Strand an einer weit entfernten Küste.

Als du ankommst, schaust du dich zuerst neugierig um. Doch viel gibt es heute nicht zu sehen.
Du entdeckst einen Baum, den womöglich einzigen schattigen Platz auf dieser Insel und dort begibst du dich hin.

Setz dich und mach es dir gemütlich.
Streck deine Beine aus und lehn dich an den Baumstamm.

Spürst du, wie er dich hält.
Auch hier darfst du einfach loslassen und wieder kräftig ein- und ausatmen.

Sehr gut!

Dieser Platz ist herrlich – der Baum direkt am Strand spendet Schatten, über dir leuchtet die Sonne und erwärmt die ganze Umgebung.
Das Wasser kommt und geht wie es möchte und gelegentlich erreicht es sogar deine Zehen und kitzelt sie.

Hier kannst du entspannen, ohne gestört zu werden.
Hier kannst du einfach sein.

Nimm einen tiefen Atemzug und lass die herrliche Meeresluft sich in dir breitmachen.

Kannst du das Salz schmecken, wie es sich auf deiner Zunge entfaltet?

Spürst du, wie dein Körper nun langsam mehr und mehr zur Ruhe kommt?

Atme weiter tief und gleichmäßig ein und lass alles,
was dich quält mit dem gebrauchten
Atem wieder hinaus.

Beobachte, wie sich deine Brust dabei hebt und senkt.

Lass deine Gedanken einfach frei fließen.
Du musst hier und jetzt nichts tun.
Gar nichts wird von
dir erwartet, du darfst einfach den Moment genießen.

Deine Wahrnehmung wird nun feiner und empfangsbereiter, du bist ganz achtsam mit dir und deiner Umgebung. Du genießt die Stille um dich herum.

Kannst du hören wie das Rauschen des Meeres abflacht und wie der Wind sanft durch die Blätter rauscht?

Schließe deine Augen und lausche dem schönen Windspiel.

Während du losgelöst von all dem Ballast an diesem Baum lehnst, spürst du eine tiefe Verbindung zu deiner sensiblen Natur.

Hier, an diesem abgeschiedenen Ort, wo das Meer und der Himmel auf magische Weise miteinander verschmelzen, erkennst du, dass deine Sensibilität eine wundervolle und einzigartige Gabe ist.

In diesem Moment der Stille und des Rückzugs kannst du dich nun ganz auf dich selbst und deine Empfindungen einlassen.

Du spürst die subtilen Schwingungen der Umgebung
und bist fähig, die feinsten Nuancen
wahrzunehmen.

Die sanfte Meeresbrise streichelt zart deine Haut und du hörst das Flüstern der Blätter im Wind.

Während du erneut tief ein- und ausatmest, beginnst du zu verstehen, dass deine Sensibilität eine Quelle der Stärke ist.

Du realisierst, dass deine Empfindsamkeit es dir ermöglicht, tiefgreifende Verbindungen zu anderen Menschen und zur Welt um dich herum aufzubauen.

Dieser Ort ist eine heilsame Umgebung. Du darfst dich selbst annehmen, mit all deinen Gefühlen und Emotionen.

Du bist großartig, mit allem, was dich ausmacht.

Als hochsensible Person bist du gesegnet, denn du kannst intensiv fühlen und auf eine einzigartige Weise Mitgefühl und Empathie durch deine Sensibilität empfinden.

Wie fühlt sich das an, solche besonderen Superkräfte zu haben? Bist du dir dessen bewusst?

Sei ruhig stolz auf dich und deine Gaben.

Während du dich dem Zauber dieses Ortes hingibst, spürst du, wie deine Sinne geschärft werden.

Du nimmst die Schönheit der kleinen Dinge um dich herum wahr – die zarte Bewegung der Wellen, das entfernte Zwitschern eines Vogels und die zauberhaft schönen Farben des Sonnenuntergangs.

Du erkennst, dass deine Sensibilität dich dazu befähigt, die Welt mit einer Tiefe und Intensität zu erleben, die anderen verborgen bleibt.

"Ich bin wundervoll, meine Gaben machen mich zu einer besonderen Seele!"

Sag dir das immer wieder und erkenne dich als das strahlende Licht an, das du bist.

Genau in diesem Moment der Selbstannahme und des Verständnisses erkennst du, dass deine wundervolle Sensibilität eine besondere Gabe ist, die es zu schätzen und zu pflegen gilt.

Wie fühlst du dich jetzt? Höre in dich hinein und gib dir selbst die Antwort.

Atme, du zauberhafte Seele. Atme drei weitere Mal tief und bewusst ein und wieder aus.

Langsam neigt sich diese Reise dem Ende zu.

Du stehst auf, schüttelst den Sand von dir und verabschiedest dich von diesem magischen Ort.

Doch bevor du zurück in den Alltag kehrst, nimmst du deine gestärkte Sensibilität mit dir. Du bist bereit, deine einzigartige Sichtweise auf die Welt mit Liebe und Mitgefühl zu teilen.

Du bist bereit, deine Empfindsamkeit als eine kostbare Ressource zu nutzen, um andere zu inspirieren und Veränderungen anzustoßen.

Du bist ein wundervolles Wesen, so unglaublich empfindsam und einfühlsam.

Betrachte deine Sensibilität immer als eine Stärke, die dich dazu befähigt, die Welt mit einem offenen Herzen zu erkunden und eine tiefe Verbindung zu schaffen.

Die Eule und das Boot

8. Die Eule und das Boot

Suche dir einen ruhigen Ort und mache es dir richtig bequem. Ob im Liegen oder Sitzen, so wie es für dich angenehm ist. Komm erst mal in Ruhe dort an, wo du es dir nun gemütlich gemacht hast, in deiner besonderen Oase.

Atme tief ein und wieder aus. Mit jedem neuen Atemzug nimmst du gute Energie in dir auf und beim Ausatmen lässt du all deine Gedanken los. Konzentriere dich auf deinen Atem und lasse alles um dich herum verblassen.

Kannst du schon spüren, wie alles in dir leichter wird?

Atme noch drei weitere Male tief ein und beobachte, wie sich dein Bauch erhebt und senkt, wenn du die gebrauchte Luft wieder rauslässt.

Wirf den Ballast des heutigen Tages ab, lass deine Gedanken los und sei im Hier und Jetzt. Du darfst das Nichtstun in vollen Zügen genießen.

Wenn dein Geist ruhig ist, beginnt deine heutige Fantasiereise.

Bist du bereit? Spürst du die Ruhe in jeder deiner Zellen?

Deine heutige Fantasiereise führt dich in einen Wald.

Willkommen, du wundervolle Seele, schau dich ruhig um in deiner neuen Umgebung.

Du bist in einem zauberhaft schönen Waldstück, umgeben von hohen Bäumen und herrlich duftendem Gras.

Neugierig auf das heutige Abenteuer gehst du auf einem schmalen Weg durch den Wald. Deine Schuhe hast du bereits ausgezogen, denn du liebst es, dich mit Mutter Erde zu verbinden.

Kannst du das weiche Moos unter deinen Füßen spüren?

Als du Vogelgezwitscher, einen starken Thymianduft und das Rauschen eines nahegelegenen Flusses wahrnimmst, hältst du an.

Augenblicklich musst du an deinen Alltag denken. Da gibt es viele Situationen, die dich überfordern und in denen du dich gestresst fühlst.
Oft hast du das Gefühl, dass du zu viel auf einmal erledigen musst und keine Zeit hast, auf deine eigenen Bedürfnisse zu achten.

Plötzlich wirst du aus deinen Gedanken gerissen, denn just in diesem Moment fliegt eine Eule zu dir und setzt sich auf einen tiefen Ast.

Die Eule schaut dich mit ihren klugen Augen an und fragt: „Du liebes Menschenkind, kann es sein, dass du gerade in diesem Augenblick Überforderung in dir spürst?"

Du nickst und die Eule beginnt zu sprechen: "Ich weiß, dass du ein absolutes Energiebündel bist, in deinem Alltag dir viel abverlangt wird und du leider oft deine eigenen Bedürfnisse vernachlässigst. Aber bitte bedenke, dass du nur dann wahrhaftiges Glück empfangen kannst, wenn du auf dich selbst achtest und dir selbst genug Zeit und Raum gibst.

Ich zeige dir, wie du dein inneres Gleichgewicht wiederfinden kannst. Folge mir."

Folge ihr!
Denn du bist gespannt was dich erwarten wird.

Eine Weile fliegt die Eule wortlos vor dir her und führt dich zu einem klaren See inmitten des Waldes. Am Ufer des Sees wartet ein kleines Boot.

Sei mutig, du darfst es nun betreten.

Es wackelt ein bisschen, als du aufsteigst und du musst lachen.

Die Eule begleitet dich und zeigt dir, wie das Boot zu lenken ist. Ein bisschen ängstlich startest du den Motor, doch sehr schnell merkst du, dass es dir gut tut, dich auf die Berührung des Wassers zu konzentrieren.

Der Anblick der vorbeiziehenden Landschaft entspannt dich, du kannst spüren, wie die Überforderung von dir abfällt und sich ein wohliges Gefühl von innerer Ruhe und Gelassenheit Platz macht.

Dein weiser Begleiter, die Eule, führt dich weiter über den schillernden See. Euch begleitet das sanfte Plätschern des Wassers und du merkst, wie es dich in eine tiefe Entspannung wiegt.

Deine Hand berührt das herrliche Wasser und du lässt es sorgsam durch deine Hände gleiten.

Du atmest tief ein und wieder aus.

Genieße die Kraft des Wassers, denn jeder Tropfen verdeutlicht dir, wie wichtig es ist, im Fluss des Lebens zu sein und dich den Wellen des Wandels hinzugeben.

Nach einer Weile hältst du das Boot an.

Such dir nun einen bequemen Platz und setz dich dort hin.

Ist das nicht herrlich?

Das leichte Schaukeln des Bootes beruhigt deine Sinne und lässt dich eins werden mit dem Rhythmus des Wassers.

Wieder atmest du tief ein und schließt dabei kurz deine Augen.

Konzentriere dich voll und ganz auf die sanfte Brise, die gerade jetzt dein Gesicht umspielt.
Sie trägt den Duft der Freiheit und der unbegrenzten Möglichkeiten.

Sauge sie in dich auf!

Kannst du spüren, wie sich eine tiefe Ruhe immer mehr in dir ausbreitet?

Reflexionen des Sonnenlichts auf der Wasseroberfläche erzeugen ein magisches Schauspiel, welches dein Herz und deine Augen erfreut.

Genau in diesem Moment nimmst du wahr, wie das Wasser die Welt um dich herum widerspiegelt und gleichzeitig auch dein eigenes Inneres reflektiert.

Erkenne nun die Kraft und Klarheit, die in dir stecken!

Das Wasser hat eine unglaubliche Kraft. Wie von Zauberhand trägt es dich auf deiner Reise der Selbstentdeckung.

Kannst du fühlen, wie alte Lasten und Zweifel von dir abfallen? Wirf alles über Bord, denn es reist sich besser mit leichtem Gepäck.

Atme ein paar Mal kräftig ein und dann lass alles los, was dir nicht gut tut.

Die weise Eule nickt dir zu und du weißt, dass du auf dem richtigen Weg bist, du kannst Neues in dir entdecken und fühlst eine tiefe Dankbarkeit.

Wortlos bedankst du dich bei ihr und legst deine Hände auf deine Brust.

Das Boot bewegt sich langsam weiter und du lässt die Strömung dich führen.

Du bist im Vertrauen, dass sie dich an den richtigen Ort führt.

In diesem Augenblick bist du in Harmonie mit dem Wasser, eins mit seiner reinigenden und heilenden Energie.

Und wieder atmest du und lässt all das Gute durch dich hindurchströmen.

Während das Boot über das Wasser gleitet, schaust du hinaus auf den weiten Horizont.

Du spürst eine tiefe Verbundenheit mit der Weite des Ozeans und fühlst dich eins mit der Unendlichkeit des Wassers.

Auch du, liebe sensible Seele, hast unendliche Möglichkeiten, die du in dir trägst.
Bist du dir bewusst, dass das Leben dir stets neue Chancen bietet, dich zu entfalten?

Langsam geht deine Reise zu Ende.

Dein Boot ist wieder am Ufer angelangt und du verabschiedest dich von der Eule. Glücklich und voller Dankbarkeit für diese kostbare Zeit, die dich gelehrt hat, dich dem Fluss des Lebens hinzugeben, im Einklang mit deiner sensiblen Natur zu sein.

Du bist nun bereit, diese neu gewonnene Erkenntnis mit in dein tägliches Leben zu nehmen und in jedem Moment deine eigene innere Stärke zu spüren.

Wohin auch immer dein Lebensweg dich führen mag, du trägst die Magie und die Klarheit des Wassers in dir und kannst sie zu jeder Zeit aufrufen.

Du bist verbunden mit der Kraft des Elements, das dich auf dieser Reise begleitet hat.

Möge das Wasser immer deine Quelle der Inspiration und Erneuerung sein, während du mutig deinen Weg gehst und all deine Träume verwirklichst.

Der Fuchs und die Klarheit

9. Der Fuchs und die Klarheit

Suche dir einen ruhigen Ort und mache es dir richtig bequem. Ob im Liegen oder Sitzen, so wie es für dich angenehm ist. Komm erst mal in Ruhe dort an, wo du es dir nun gemütlich gemacht hast, in deiner besonderen Oase.

Atme tief ein und wieder aus. Mit jedem neuen Atemzug nimmst du gute Energie in dir auf und beim Ausatmen lässt du all deine Gedanken los. Konzentriere dich auf deinen Atem und lasse alles um dich herum verblassen.

Kannst du schon spüren, wie alles in dir leichter wird?

Atme noch drei weitere Male tief ein und beobachte, wie sich dein Bauch erhebt und senkt, wenn du die gebrauchte Luft wieder rauslässt.

Lass alle Sorgen und Gedanken los und spüre, wie dein Körper und Geist entspannen. Erlaube dir, in eine Welt der Ruhe und Gelassenheit zu treten. Du darfst das Nichtstun in vollen Zügen genießen.

Wenn dein Geist ruhig ist, beginnt deine heutige Fantasiereise.

Bist du bereit?

Spürst du die Ruhe in jeder deiner Zellen?

Deine heutige Fantasiereise führt dich an einen kleinen ruhigen See, umgeben von grünen Wäldern und sanften Hügeln. Der Himmel ist heute voller Wolken, doch gelegentlich blitzen Sonnenstrahlen hindurch und die Wärme streichelt deine Haut.

Ein warmer Wind streicht durch dein Haar und du spürst, wie es in dir immer ruhiger wird.

Setz dich ans Seeufer und lausche dem Klang des Windes. Mach es dir bequem und genieße die Stille.

Sehr gut.

Deine Beine sind ausgestreckt und du lümmelst am Ufer. Dein Blick geht über das Wasser, als du plötzlich ein kleines Tier etwas von dir entfernt entdeckst.

Schau genau hin, was siehst du?

Es ist ein Fuchs mit seidigem Fell und großen, strahlenden Augen. Der Fuchs hat dich nun auch entdeckt und sieht dich an.
Es scheint, als lächele er dich an. Doch kurz darauf verschwindet er in den Wald.

Du spürst einen Impuls der Neugierde und beschließt, ihm zu folgen.
Du wanderst durch den Wald, und auch wenn du ihn nicht siehst, so folgst du dem feinen Geruch des Fuchses.

Während du durch den Wald spazierst, begutachtest du die Bäume, sie sind hoch und wirken majestätisch.

Kannst du das Rauschen des Windes und die schöne Melodie der Vögel hören, die sich vermischen?

Herrlich, die Natur ist voller Wunder und Kraft.

Atme alles ein und stärke dich daran.

Nach einer Weile erreichst du ein herrliches Feld voller wilder Blumen und Gräser.

Genau hier wartet der Fuchs auf dich. Er lädt dich ein, mit ihm zu spielen und die Umgebung zu erkunden.

Hast du Lust?

Mit einem strahlenden „Ja" gibst du dich dem Moment hin.

Du springst über die grünen Hügel, berührst die Gräser zwischen deinen Fingern, fühlst das weiche Moos unter deinen Füßen und riechst die frischen Blumen, die dich umgeben.

Voller Ausgelassenheit und Freude genießt du das Schauspiel, während dein Geist und Körper von der befreienden Glückseligkeit des Augenblicks erfüllt werden.

Als die Sonne langsam untergeht, macht ihr euch auf den Rückweg und erreicht schließlich wieder das idyllische Seeufer. Die Abendsonne taucht die Landschaft in ein goldenes Licht, während das Wasser sanft an das Ufer plätschert.

Unglaublich schön!

Atme diesen besonderen Moment ein.

Du setzt dich neben den Fuchs und spürst, wie sein liebevoller Blick tief in deine Seele dringt.

Kannst du spüren, wie du von ihm umarmt wirst und sich ein warmes Gefühl der Geborgenheit und Sicherheit in dir ausbreitet?

Nimm es an und lass dich fallen!

In diesem Moment fühlst du eine tiefe Verbundenheit mit dem Fuchs und auch mit der Natur um dich herum.
Du erkennst, dass der Fuchs mehr als nur ein Begleiter auf dieser Reise ist - er ist ein Symbol für Selbstakzeptanz und das Annehmen deiner hochsensiblen Natur.

Der Fuchs schaut dich liebevoll an und flüstert dir leise zu: „Du bist einzigartig und wunderbar, genau so, wie du bist. Deine Empfindsamkeit ist eine Gabe, die dich dazu befähigt, die Schönheit der Welt intensiv zu erleben."

Seine Worte dringen in die Tiefen deines Seins und lösen wundervolle Gefühle in dir aus.

Nimm sie an und erkenne die Bedeutung von Selbstakzeptanz und das Geschenk, dich so anzunehmen, wie du bist - mit all deinen Stärken, Gaben und Empfindsamkeiten.

Da wo früher eine Angst vor Ablehnung und das Streben nach Perfektion war, ist nun eine angenehme innere Ruhe und Gelassenheit.

Lass noch weiter los und erlaube dir, du selbst zu sein, ohne Kompromisse oder Verleugnung deiner wahren Natur.

Schließe für einen Moment deine Augen und atme tief

ein, während du die Worte: „Ich bin perfekt, ich bin wundervoll!" leise und liebevoll wiederholst.

Mit jedem neuen Atemzug spürst du, wie sich die Worte in deinem Inneren breitmachen, wie sie sanft in dein Herz eindringen und sich dort niederlassen.

Öffne dich für die bedingungslose Annahme deiner selbst, für die Erkenntnis, dass du vollkommen bist, genau so, wie du bist.

Mit jedem Wiederholen der Worte und jedem neuen Atemzug spürst du, wie sich ein herrliches Gefühl der Selbstliebe und des Selbstvertrauens in dir ausbreitet.

Du erkennst deine eigenen Stärken und einzigartigen Eigenschaften, die dich zu einem wundervollen und einzigartigen Wesen machen an.

Bitte vergiss das nie: „Du bist perfekt, denn du bist einzigartig.

Du bist wundervoll, denn du trägst eine einzigartige Essenz in dir, die die Welt bereichert", haucht der Fuchs dir sanft ins Ohr.

Du wundervolle Seele, nun wird es Zeit zu erkennen, dass du die Liebe und Akzeptanz, die du anderen gibst, auch dir selbst schenken darfst. Erlaube dir, dich selbst zu feiern, dich anzuerkennen und dich bedingungslos zu lieben. Denn tief in deinem Inneren weißt du, dass du es wert bist, bedingungslos geliebt zu werden – von dir selbst und von anderen, deine Grenzen zu respektieren und dein Leben im Einklang mit deiner hochsensiblen Natur zu gestalten.

Unsere Reise hat das Ende erlangt.

Der Fuchs sitzt immer noch neben dir und sein Fell strahlt im Abendlicht.

Glücklich, dankbar und erfüllt mit neuen Erkenntnissen und Liebe, verabschiedest du dich von ihm.

Atme kräftig ein und wieder aus!

Deine heutige Reise wird nie in Vergessenheit geraten, denn auf dieser Reise hast du nicht nur den Fuchs, sondern auch ein Stück von dir selbst gefunden – eine kostbare Erkenntnis, die dich weiter stärken wird auf deinem Weg zu einem erfüllten und authentischen Leben.

Der Vogel und die innere Stimme

10. Der Vogel und die innere Stimme

Suche dir einen ruhigen Ort und mache es dir richtig bequem. Ob im Liegen oder Sitzen, so wie es für dich angenehm ist. Komm erst mal in Ruhe dort an, wo du es dir nun gemütlich gemacht hast, in deiner besonderen Oase.

Atme tief ein und wieder aus. Mit jedem neuen Atemzug nimmst du gute Energie in dir auf und beim Ausatmen lässt du all deine Gedanken und Sorgen los. Spüre genau, wie dein Körper und Geist sich entspannen. Erlaube dir, in eine Welt der Fantasie und Kreativität einzutauchen.

Konzentriere dich auf deinen Atem und lasse alles um dich herum verblassen.

Kannst du schon spüren, wie alles in dir leichter wird?

Atme noch drei weitere Male tief ein und beobachte, wie sich dein Bauch erhebt und senkt, wenn du die gebrauchte Luft wieder rauslässt.
Du darfst das Nichtstun in vollen Zügen genießen.

Wenn dein Geist ruhig ist, beginnt deine heutige Fantasiereise.

Bist du bereit? Spürst du die Ruhe in jeder deiner Zellen?

Deine heutige Reise führt dich auf eine saftig grüne Wiese, umgeben von bunten Blumen.

Du hast dir einen zauberhaften Tag für dein Abenteuer ausgesucht und auch die Sonne strahlt. Gelassen setzt du dich mitten in die Wiese, legst dich zurück und schaust den Wolken beim Vorbeiziehen zu.

Hörst du das Zwitschern der Vögel? Spürst du das Rauschen des Windes?

Schließe kurz deine Augen und genieße es mit all deinen Sinnen!

Von Minute zu Minute wirst du spürbar ruhiger.

Eine sanfte Berührung auf deinem Knie lässt dich wieder zurückkommen.

Neugierig setzt du dich auf und entdeckst einen kleinen Vogel, der frech auf deinem Bein sitzt und dich interessiert anschaut. Sein Gefieder glänzt wunderhübsch und seine Augen funkeln hell. Der Vogel beginnt zu sprechen und erzählt dir, dass er dein innerer Führer ist.

„Ich werde dir helfen, deine innere Stimme zu finden", sagt er selbstsicher.
„Ich möchte dich auf eine gemeinsame Reise einladen. Komm und folge mir."

Du bist mutig, denn innerlich spürst du, das wird heute eine wunderbare und lehrreiche Reise werden.

Steh auf und folge dem kleinen, frechen Vogel.

Ihr schlendert durch den tiefen Wald und über sanfte Hügel, bis ihr schließlich eine glitzernde Höhle erreicht, die von funkelnden Kristallen beleuchtet wird.

„Wow", denkst du.
Schau sie dir genau an und genieße den schönen Anblick.

Der Vogel fliegt hinein und wortlos, voller Neugier folgst du ihm.

Was siehst du?
Schau dich genau um, nutze all deine Sinne.

Kannst du diese tiefe Ruhe und Gelassenheit fühlen?

Atme ein paar Mal tief ein und wieder aus.

Auf einmal spürst du, wie sich dein Geist öffnet und du beginnst, deine innere Stimme zu hören.

Lege deine Hände auf Brust und Bauch und lausche ihr?
Was flüstert sie dir?

<u>Was ist für dich wichtig und was willst du wirklich im Leben?</u>

Nimm dir ein paar Momente Zeit und lass sie lauter werden.
Lass die Worte immer klarer werden und bei dir ankommen.

Sehr gut.
Atme.
Atme kräftig ein und lass alles, was nicht gut ist, wieder raus.

Der kleine Vogel stupst dich an und hüpft voller Freude.

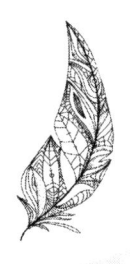

Du merkst, dass er stolz auf dich ist.

Du hast erkannt, dass die innere Stimme dir deine wahren Wünsche und Bedürfnisse offenbart hat.

Jenseits der Erwartungen anderer Menschen oder gesellschaftlicher Normen. Es ist eine Botschaft der Authentizität und des Selbstausdrucks.

Plötzlich bebt der Boden und aus dem kleinen Frechdachs wird ein riesengroßer Vogel.

Unglaublich! Was passiert hier?

Staunend gehst du näher hin, ohne Furcht, denn trotz veränderter Größe weißt du, dass da immer noch dieser kleine liebenswerte Frechdachs ist.

Anmutig steht er neben dir, schaut dich an und deutet auf seinen Rücken.

Nimm einen kräftigen Atemzug, sei mutig und wappne dich für einen Ausflug in die Höhe!

Du kicherst und dann steigst du auf den Rücken dieses majestätischen Tieres.

Bist du bereit für die Lüfte? Halte dich gut fest.

Mit dem Vogel als deinem inneren Führer begibst du dich nun auf eine Reise, um deine Wünsche zu verwirklichen. Ihr fliegt über erhabene Berge, taucht in kristallklare Seen ein und erkundet faszinierende Länder voller Farben und Magie.

„Unglaublich", kreischst du hoch oben über den Wolken, während deine Haare im Wind wehen.

Während dieser wundervollen Reise begegnest du verschiedenen Wesen und Charakteren, die dir helfen, deine Gaben und Stärken zu entdecken und weiterzuentwickeln. Du lernst, dich Herausforderungen zu stellen, Hindernisse und Ängste zu überwinden.
Mit jedem Flügelschlag, den der Vogel macht, wachsen deine Zuversicht und der Glaube an dich selbst.

Großartig! Du machst das spitze.

Atme die Luft in der Höhe noch ein paar Mal kräftig ein und lass die neu gewonnene Erkenntnis sich in dir breitmachen.

Weiter auf deinem Höhenflug sammelst du Erfahrungen, die dich inspirieren und dein Herz mit Freude erfüllen. Du erkennst, dass das Leben eine endlose Quelle der Kreativität und voller Möglichkeiten ist.

Langsam neigt sich diese besondere Reise dem Ende zu.

Der Vogel gleitet zurück zu der Höhle. Du steigst erfüllt ab und neben dir sitzt wieder der kleine Frechdachs, der dich grinsend anschaut und zwitschert.

Du kicherst und musst dich erst mal setzen, um all die Eindrücke zu verarbeiten.

Es war herrlich in der Luft zu schweben und so viel Neues zu erleben, nicht wahr?

Mit dem Vogel an deiner Seite machst du dich auf den Rückweg zu deiner Wiese.
Mit jedem deiner Schritte wirst du mutiger und vertrauter mit deiner inneren Stimme.
Du weißt, dass du die Botschaften und Erkenntnisse, die du auf deiner Reise erhalten hast, in dein tägliches Leben integrieren wirst. Du bist bereit, nun bewusster und im Einklang mit deinem wahren Selbst zu leben.

Wie fühlt sich das an? Gib dir selbst die Antwort.

Du spürst eine tiefe Dankbarkeit für die Erfahrungen und das Wachstum, das du erfahren hast.

Der Vogel fliegt hoch in den Himmel und mit jedem Flügelschlag zieht er weiter, bis du ihn nicht mehr erkennen kannst.

Du weißt, dass er immer bei dir sein wird, als dein innerer Führer und Begleiter auf deinem Weg.

Du zarte sensible Seele, möge die Luft immer deine Quelle der Leichtigkeit und Freiheit sein, während du mutig deinen Weg gehst und all deine Träume verwirklichst.

Der Flug der Schmetterlinge

11. Der Flug der Schmetterlinge

Suche dir einen ruhigen Ort und mache es dir richtig bequem. Ob im Liegen oder Sitzen, so wie es für dich angenehm ist. Komm erst mal in Ruhe dort an, wo du es dir nun gemütlich gemacht hast, in deiner besonderen Oase.

Atme tief ein und wieder aus. Mit jedem neuen Atemzug nimmst du gute Energie in dir auf und beim Ausatmen lässt du all deine Gedanken und Sorgen los. Spüre genau, wie dein Körper und Geist sich entspannen. Erlaube dir, in eine Welt der Fantasie und Kreativität einzutauchen.

Konzentriere dich auf deinen Atem und lasse alles um dich herum verblassen.

Kannst du schon spüren, wie alles in dir leichter wird?

Atme noch drei weitere Male tief ein und beobachte, wie sich dein Bauch erhebt und senkt, wenn du die gebrauchte Luft wieder rauslässt. Du darfst das Nichtstun in vollen Zügen genießen. Es wird nichts von dir verlangt, du darfst einfach nur sein.

Wenn dein Geist ruhig ist, beginnt deine heutige Fantasiereise.

Bist du bereit? Spürst du die Ruhe in jeder deiner Zellen?

Wenn du kurz geblinzelt hast, bist du schon da. Du befindest dich auf einem atemberaubenden Mohnfeld, umgeben von leuchtend roten Blumen, die sich im sanften Wind wiegen. Du stehst mitten drin, in diesem herrlichen Meer von roten Blumen und der starke Duft zieht in deine Nase.

Wundervoll. Nimm noch einen Atemzug.

Kannst du die Zartheit der Blütenblätter auf deiner Haut spüren? Schärfe deine Sinne, hörst du das leise Rascheln der Mohnstängel?

Du ziehst deine Schuhe aus und wanderst gelöst durch das Mohnfeld, bemerkst den klaren Himmel über dir und die frische Luft ist erfüllt von einem leichten Duft der Freiheit und des Neuanfangs.

Kannst du spüren, wie die Weite und die Leichtigkeit der Luft deine Seele umhüllen und dich mit Inspiration erfüllen?

In diesem Moment erkennst du, dass du selbst wie ein kostbarer Teil der Natur bist, so zart, wie das Mohnblütenblatt, das in seiner Einzigartigkeit und Schönheit erstrahlt. Du bist bereit, deine Flügel auszubreiten und dich von der reinen Luft des Lebens tragen zu lassen, während du mutig deinen Weg gehst und all deine Träume verwirklichst.

Mit jedem deiner Schritte tauchst du tiefer in die Magie dieses Ortes ein und fühlst eine zunehmende Verbindung zu deiner eigenen Sensibilität.

Plötzlich hörst du ein leises Flüstern im Wind. "Du bist ein kostbares Juwel."

Verwirrt bleibst du stehen und blickst dich um, als du dich mitten in einer kleinen Gruppe von Schmetterlingen befindest. Elegant flattern sie um dich herum. Ihre Farben und Muster sind so vielfältig wie deine eigenen

Empfindungen.

Spüre, wie sich die Zärtlichkeit ihrer Flügel in dir ausbreitet. Du darfst gerne kurz deine Augen schließen und den besonderen Moment genießen.

Strecke die Arme rechts und links von dir aus und lass dich in ihre Liebe einhüllen.

Atme, atme den Duft der Liebe und der Freiheit ein.
Sehr gut.

„Du bist ein kostbares Juwel", wiederholen die Schmetterlinge und bevor du etwas erwidern kannst, merkst du, dass du schwebst.

Du brauchst keine Angst zu haben. Höre auf deine innere Stimme, die dir sagt, du bist in Sicherheit.

Sehr gut.
Atme einfach entspannt weiter.

Während du durch die Lüfte schwebst, spürst du die sanften Berührungen der Schmetterlingsflügel unter deinem Körper!

Was fühlst du gerade?

Lass dich weiter von den Schmetterlingen tragen, wirf deinen Ballast ab und genieße die herrliche Aussicht.

Der Wind streicht durch deine Haare und du spürst eine ungeahnte Leichtigkeit auch in deinem Inneren.

Atme den Duft der Lüfte ein und lass sich das Gefühl der Freiheit in dir ausbreiten.

Unter dir erstreckt sich das faszinierende Mohnfeld mit seinen leuchtend roten Blüten, die in der Sonne ein zauberhaftes Muster aus Farben und Formen bilden.
Du gleitest über einige Hügel und kommst den Wolken immer näher und erkundest gelassen die Weite des Himmels.

Kannst du spüren, wie sich deine Sinne öffnen und deine Wahrnehmung intensiviert?

Jeder Moment ist kostbar und du nimmst die Schönheit der Welt um dich herum mit all deinen Sinnen auf. Dieser Moment schenkt dir Kraft und Klarheit.

Atme tief ein und wieder aus.

Während des Fluges fühlst du, dass sich eine innere Blockade in dir löst.
Du spürst eine tiefe Verbundenheit mit deiner eigenen Sensibilität und empfindest sie nicht mehr als Last, sondern als wertvolle Gabe.
Du erkennst, dass deine Sensibilität dich zu einem einfühlsamen und mitfühlenden Menschen macht, der die Welt auf eine einzigartige Art und Weise wahrnimmt.

Wenn du magst, schließe kurz deine Augen und lass dich von den gesagten Worten auftanken.

Sehr gut.
Sei ganz bei dir und atme entspannt.

Genau in diesem Moment nimmst du deine erhöhte Sensibilität noch intensiver wahr.
Du fühlst die subtilen Veränderungen in der Luft, hörst das zarte Flüstern der Natur und spürst einige Emotionen, die in der Umgebung schwingen.

Durch deine gesteigerte Empfindsamkeit eröffnet sich dir eine ganz neue Welt.

Du erkennst, dass deine Sensibilität nicht nur bedeutet, dass du stärker auf Reize und Emotionen reagierst, sondern dass sie dir auch eine tiefe Verbindung zu deinen eigenen Talenten und Fähigkeiten ermöglicht.

Spüre tief in dich hinein. Merkst du, wie sich in dir ein unerschöpfliches Reservoir an Kreativität und Intuition auftut?

Mit jedem Atemzug wird dir bewusster, dass du ein einzigartiges Geschöpf mit individuellen Stärken bist. Du beginnst zu erkennen, welche Talente in dir schlummern und welche Leidenschaften dich erfüllen.

Ist das nicht großartig?

Du hast genau in diesem Augenblick ein inneres Licht in dir angezündet, welches all deine verborgenen Potentiale erhellt.

Schau genau hin und nimm es an, dein heutiges Geschenk der Hochsensibilität.

Atme drei Mal kräftig ein und wieder aus.
Siehst du es? All das Wundervolle, was sich dir zeigt?

Erinnere dich an die Momente in deinem Leben, in denen du deine Sensibilität bereits genutzt hast, um anderen Menschen zu helfen oder ein kreatives Projekt zu verwirklichen. Entsinne dich, welche Freude und Erfüllung du dabei empfunden hast.

Unglaublich, diese Gefühlsexplosion, nicht wahr?

Lass dieses erhellende und kräftigende Gefühl sich überall in deinen Zellen breitmachen und verankern.

Diese Erkenntnis lässt dein Herz vor Freude hüpfen und gibt dir den Mut, dich weiterhin deinen Talenten und Leidenschaften hinzugeben.

Langsam neigt sich unsere Reise dem Ende zu. Die Schmetterlinge gleiten zurück zum Mohnfeld und setzen dich vorsichtig wieder ab.

„Du bist ein kostbares Juwel", hauchen sie dir ein letztes Mal zu und du bedankst dich für die heutige Erfahrung.

Während du über das Mohnfeld schlenderst, kannst du spüren, wie sich in deinem Inneren ein neues Selbstbewusstsein entwickelt hat. Du erkennst, dass deine Sensibilität eine besondere Gabe ist, die es dir ermöglicht, die Welt mit anderen Augen zu sehen. Du bist in der Lage, tiefgründige Verbindungen zu knüpfen, die es dir erlauben,
das Leben auf eine ganz besondere
Art und Weise zu erleben.

Plötzlich erscheint vor dir eine leuchtende Gestalt, die deine ganze Aufmerksamkeit auf sich zieht. Eine Manifestation deines wahren Potentials, eine Verkörperung all deiner Talente und Fähigkeiten.

Diese Gestalt steht dir nun direkt gegenüber und lächelt dich liebevoll an: „Du bist so viel mehr als du dir je vorgestellt hast.

Du bist ein kostbares Juwel. Vertraue auf deine Sensibilität und erlaube deinen Talenten zu erblühen."

Eine kleine Träne verirrt sich auf deinem Gesicht und du spürst eine tiefe Verbundenheit mit deinem inneren Wesenskern.

Du hast verstanden, dass du in der Lage bist, deine Empfindsamkeit als Kraftquelle zu nutzen, um deine Träume zu verwirklichen sowie all deine Talente zu entfalten.

Atme dreimal tief ein und wieder aus!

Und nun, du wundervolle Seele, nun ist es an der Zeit, deine einzigartige Stimme in die Welt hinaus zu tragen und dein Potenzial voll auszuschöpfen.

Du bist dafür bereit.

Die Magie des Lagerfeuers

12. Die Magie des Lagerfeuers

Suche dir einen ruhigen Ort und mache es dir richtig bequem. Ob im Liegen oder Sitzen, so wie es für dich angenehm ist. Komm erst mal in Ruhe dort an, wo du es dir nun gemütlich gemacht hast, in deiner besonderen Oase.

Atme langsam und tief ein, lasse gute Energie durch dich fließen und mit jedem Ausatmen alle Sorgen und Gedanken los. Spüre, wie sich dein Körper entspannt und dein Geist zur Ruhe kommt. Erlaube dir, in eine Welt der Fantasie und Kreativität einzutauchen.

Lass alles um dich herum verblassen.
Kannst du schon spüren, wie alles in dir leichter wird?

Atme noch drei weitere Male tief ein und beobachte, wie sich dein Bauch erhebt und senkt, wenn du die gebrauchte Luft wieder rauslässt.

Du darfst das Nichtstun in vollen Zügen genießen. Es wird nichts von dir verlangt, du darfst einfach nur sein.

Wenn dein Geist ruhig ist, beginnt deine heutige Fantasiereise.

Bist du bereit? Spürst du die Ruhe in jeder deiner Zellen?

Mit dem nächsten Blinzeln befindest du dich an einem neuen Ort. Eine gemütliche abendliche Stimmung zieht durch das Land und du suchst dir einen ruhigen Platz im Freien, an dem du dich entspannen kannst.

Siehst du das Lagerfeuer etwas entfernt vor dir?

Sei mutig und geh näher hin. Setze dich bequem ans Lagerfeuer.

Beobachte die tanzenden Flammen und spüre die Wärme auf deiner Haut.

Kannst du das leise Knistern des Holzes hören?

Schön, oder? Schließe ruhig für einen Moment die Augen und atme einfach kräftig ein und wieder aus.

Nimm dir einen Augenblick, um deine Gedanken und Sorgen zu sammeln. Atme noch einmal tief ein und aus und lass mit jedem Ausatmen all den Ballast los.

Spürst du, wie deine Anspannung langsam weicht und du dich wunderbar entspannt fühlst?

Die Ruhe, die Dunkelheit und das Feuer machen dir bewusst, dass es Zeit ist, Altes loszulassen und Platz für Neues zu schaffen.

Du nimmst einen Zettel und schreibst all die negativen Gedanken, Ängste und Zweifel auf. All die Dinge, die dich belasten und auch daran hindern, deine volle Sensibilität zu leben.

Wenn du fertig bist, atme.
Atme drei Mal kräftig ein und wieder aus.

Mit entschlossenem Blick wirfst du deinen Zettel ins Feuer. Schau genau hin und beobachte, wie langsam all deine Gedanken, Ängste und Zweifel verbrennen und sich in Rauch auflösen.

Spüre genau jetzt tief in dich hinein, wie sich mit jedem Funken, der emporsteigt, eine Last von deinen Schultern löst.

Du fühlst dich befreit und bist bereit für eine neue Reise.

Der Himmel über dir funkelt mit unzähligen Sternen.

Schau hinauf und nimm die Schönheit und Weite des Universums in dich auf.

Die Sterne erinnern dich daran, dass du Teil von etwas Größerem bist, dass deine Sensibilität ein wertvolles und wundervolles Geschenk ist.

Eine Weile sitzt du losgelöst und völlig entspannt am Lagerfeuer, beobachtest die Sterne und spürst dabei eine tiefe Ruhe und ein Gefühl der Verbundenheit, das dich durchdringt.

Genau in diesem Moment erkennst du, dass du genau so, wie du bist, wertvoll und einzigartig bist. Deine Sensibilität ist eine besondere Gabe, mit der du die Welt auf eine Weise wahrnimmst, die von tiefer Empathie und feinem Gespür geprägt ist.
Das kann nicht jeder, aber du hast diese Gabe!

Während die Flammen des Lagerfeuers weiter lodern und dir Wärme und Geborgenheit spenden, lässt du dich von ihrer Kraft inspirieren.

Plötzlich spürst du, wie deine innere Flamme der Sensibilität wieder entfacht wird und wie sie dich dazu ermutigt, dein volles Potential zu entfalten.

Welches sind deine Talente?
Lass dir diese Worte kurz durch deinen Geist strömen, lass die Antwort aufkeimen. Alles ohne jegliche Wertung.

Atme, atme die besondere Energie dieses Abends ein.

Wirf einen Blick nach oben und betrachte die Sterne.

Auf einmal wird dir klar, dass sie wie kleine Lichter am Himmel sind, die deine Talente und Träume symbolisieren.

Erkennst du, dass es an der Zeit ist, diese Träume zu verwirklichen und deine Talente endlich zum Leuchten zu bringen?

Glaub an dich, du wundervolles Geschöpf. Du bist bereit, deinen eigenen Weg zu gehen und die Welt mit deiner einzigartigen Sensibilität zu bereichern.

Mit einem Gefühl der Dankbarkeit und des inneren Friedens verabschiedest du dich von deinem Platz und gehst zurück zum Anfangspunkt. Nimmst die Wärme des Feuers und die Magie des Sternenhimmels mit in dein Herz.

Und wenn du wieder etwas unsicher bist oder an dir zweifelst, dann komm wieder hier her. An diesen besonderen Platz, der dich erinnert, wie einzigartig du bist mit deiner sensiblen Seele und wie wichtig es ist, deine Talente zu erkennen und zu leben.

Atme tief ein und wieder aus. Wiederhole es.

Auf den letzten Metern deines Weges spürst du eine sanfte Brise, die dich liebevoll umhüllt.

Lass dich umarmen, genieße es!

Die sanfte Brise ist eine Botschaft, dich weiter auf den Weg zu begeben und die Welt mit deiner Sensibilität zu erforschen.

Dabei kannst du zum Vorbild für andere hochsensible Menschen werden und deine eigenen Talente erkennen und entfalten.

Du wundervolle Seele, du bist bereit dafür, höre auf deine innere Stimme, sie wird dich leiten.

Deine Zufriedenheit ist unser Ziel!

Wir freuen uns sehr, dass du die Fantasiereisen gemacht hast und mit uns ein Stück des Weges gegangen bist.

Hat dir unser Buch gefallen? Hast du Anmerkungen oder Kritik?

Dann bitte scheue dich nicht, uns zu schreiben. Wir lesen jede Nachricht und beantworten sie. Schreib uns an unter: info@astridschneider.com

Bitte nimm dir einen Moment Zeit und bewerte unser Buch bei Amazon oder dort, wo du es gekauft hast. Viele positive Rezensionen führen dazu, dass das Buch mehr Menschen angezeigt wird.

Lass uns gemeinsam unsere Botschaft in die Welt hinaus tragen und anderen Leser:innen helfen, ihr Potential zu entdecken.

Wir sagen danke.

Miriam und Astrid

Über die Autorin

Astrid Schneider ist Amazon-Bestseller-Autorin, Mindset-und Selbstliebe Expertin und zertifizierte Fachberaterin für hochsensible Kinder. Mit ihren Impulsen und Strategien unterstützt sie Kinder und Erwachsene in Krisen sowie stürmischen Situationen und begleitet sie auf dem Weg zu einem erfüllten Leben.

Ihr Steckenpferd ist das Schreiben von Kinderbüchern, in denen es um Gefühle, Achtsamkeit, Freundschaft, Zusammenhalt und Mut geht.

ღღღ Mit ihrer „Traumreise für hochsensible Kinder" schaffte sie es 2021 und 2022 monatelang auf die Amazon-Bestseller-Liste und begeisterte mit diesem wertvollen Buch viele zahlreiche Kinder und Eltern.

"Jedes Kind hat das Recht, so akzeptiert und geliebt zu werden, wie es ist."
Mit ihren Elternratgebern vermittelt sie Wissen und Erfahrung und ist eine liebevolle Begleiterin für Eltern auf ihrer Lebensreise mit ihren Kindern.

Als Coach und Expertin liebt sie es, Menschen ihr wahres Potential aufzuzeigen, schreibt auch Ratgeber für Persönlichkeitsentwicklung und kreiert stärkende Workbooks.

Mittlerweile hat sie über 45 Bücher veröffentlicht und berührt die Menschen mit der Magie ihrer Worte. Sie selbst sagt: „Schreiben ist für mich wie Magie – ich nehme meine Leser mit in eine wundervolle Welt, die positive Spuren hinterlässt."

www.astridschneider.com

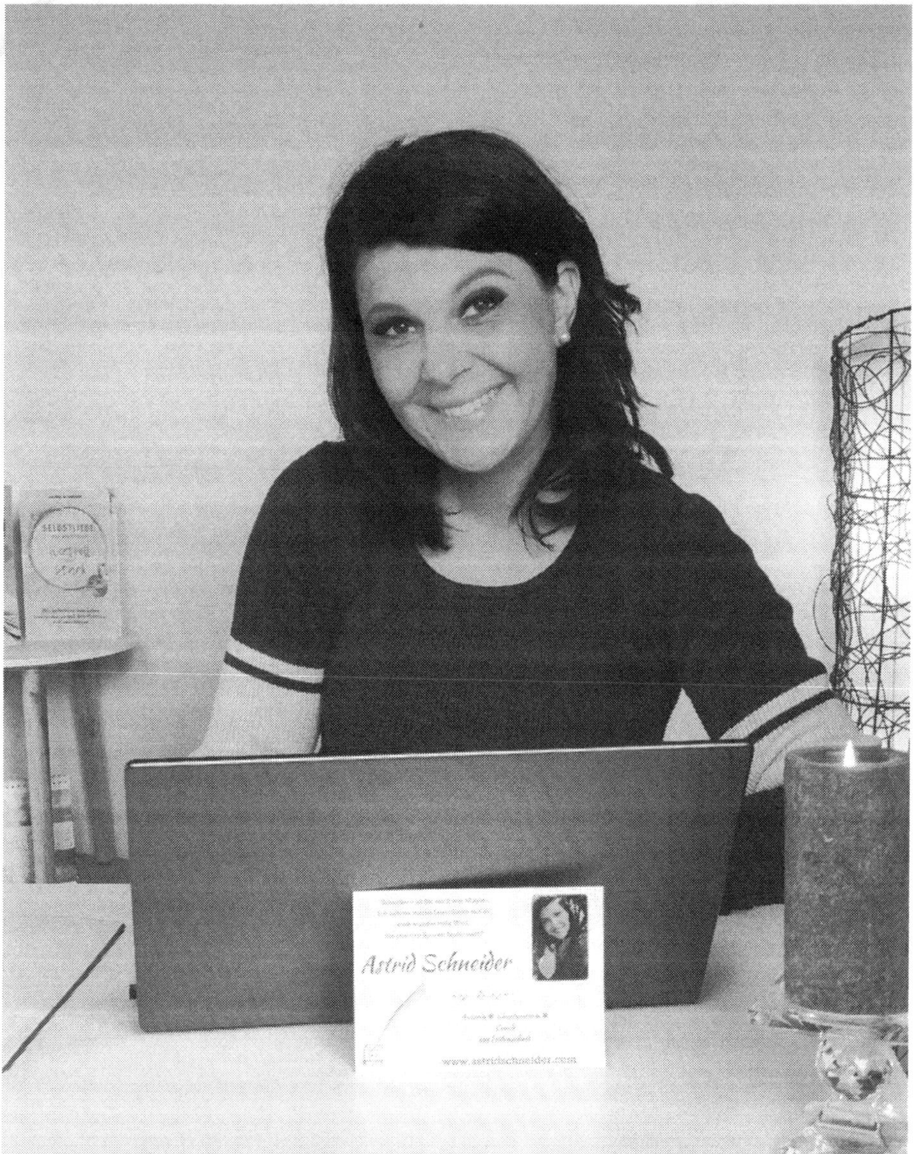
Astrid Schneider
www.astridschneider.com

Über die Autorin

Miriam Sompek, MA, ist Bildungswissenschaftlerin, renommierte Trainerin und Coach für Hochsensibilität, Gründerin der Marke "Seinsibel" - die Marke für Hochsensible im deutschsprachigen Raum, Initiatorin des Instituts für Hochsensibilität und Autorin. Sie lebt mit ihrem Lebensgefährten Thomas Leo Selenko und ihrer gemeinsamen Tochter Lena in Österreich.

Seit mehr als einem Jahrzehnt beschäftigt sie sich intensiv mit dem Thema Hochsensibilität und begleitet Hochsensible auf ihrem Weg zu einem erfüllten und erfolgreichen Leben. Miriam ist Autorin und hat auch zahlreiche Artikel zum Thema Hochsensibilität veröffentlicht. Sie hat sich auf die Entwicklung und Umsetzung von ganzheitlichen Coaching-Programmen spezialisiert und legt dabei großen Wert darauf, ihre Klientinnen und Klienten in ihrer Ganzheit zu sehen und zu unterstützen - körperlich, geistig, emotional und spirituell. Miriam Sompek ist bekannt für ihre authentische und einfühlsame Art, mit Menschen umzugehen. Sie schafft eine sichere und unterstützende Umgebung, in der sich die Teilnehmer:innen frei entfalten und persönlich wachsen können. Durch ihre Arbeit hat sie bereits vielen Menschen geholfen, ihre Ängste und Unsicherheiten zu überwinden und ein erfülltes Leben zu führen.

Als Gründerin des Instituts für Hochsensibilität bildet sie als Dozentin „ganzheitliche Coaches für Hochsensibilität" aus.

www.hochsensibelinsitut.com

Foto von:
Sarina Dobernig

Los geht's!

Melde dich heute noch zum Erstgespräch an, um endlich dein wahres Potential zu entfalten und ein erfülltes Leben zu führen.

Ich freue mich auf dich.
Deine Miriam

Tauche ein in meine vielfältige Newsletter-Welt! Als Autorin für Kinderbücher , Romane und Elternratgeber sowie Coach für Selbstliebe, Mindset und Hochsensibilität biete ich dir inspirierende Inhalte, wertvolle Tipps und exklusive Angebote. Entdecke das Potential in dir und begleite deine Kinder auf ihrer einzigartigen Reise zu einem erfüllten Leben.

Ich freue mich auf dich.
Deine Astrid

Mit unseren Werken möchten wir Klein & Groß begeistern, motivieren und stärken.

Vielleicht gefallen dir auch diese Bücher:

Einfach den Code scannen und zu den Büchern gelangen!

Der Amazon-Bestseller:

Mitmachbuch für hochsensible Kinder:

www.astridschneider.com
Instagram: @astridschneiderautorin

DER BESTSELLER JETZT IN 2. AUFLAGE!
Hochsensibilität ist Deine Superpower

www.seinsibel.com
Instagram: @_seinsibel_/

Impressum:

Astrid Schneider
Táncsics Mihály utca 3
9561 Nagysimonyi, Ungarn
info@astridschneider.com

Deutschsprachige Erstausgabe 07/2023
Taschenbuch ISBN: 978-3-200-09172-6
Gebundene Ausgabe ISBN: 978-3-200-09230-3

Copyright © 2023 Astrid Schneider

Autorinnen: Astrid Schneider und Miriam Sompek
Verlag: Verlag für Hochsensibilität

Illustrationen: Canva und midjourney (alle Lizenzen vorhanden)
Cover: Nina Zeilinger
design@nina-zeilinger.at

Lektorat: Lena Matthes

Alle Rechte vorbehalten.
Nachdruck, auch auszugsweise, nicht gestattet.
Das Werk, einschließlich seiner Teile, ist urheberrechtlich geschützt.
Jede Verwertung ist ohne Zustimmung des Verlages und der Autorin unzulässig.
Dies gilt insbesondere für die elektronische oder sonstige Vervielfältigung, Übersetzung, Verbreitung und öffentliche Zugänglichmachung.

Printed in Poland
by Amazon Fulfillment
Poland Sp. z o.o., Wrocław
24 August 2023

3a8b3854-d95f-43a2-bae1-d44c46be3d03R01